TÚ PUEDES DEJAR EL ALCOHOL

Chema Ruiz F.

TÚ PUEDES DEJAR EL ALCOHOL

Vivir sin beber

Primera edición: enero de 2023
ISBN: 978-84-19705-18-1

Editado por Editorial Letra Minúscula

chemaruizf@telefonica.net

Bajo ningún concepto este libro pretende ser un tratado clínico, ni sustituir los consejos de profesionales en el campo de la medicina, psicología o psiquiatría.

Es fruto de vivencias y experiencias personales del autor, así como de las aportaciones de otros enfermos alcohólicos, recogidos en diversas y diferentes etapas de su enfermedad.

Tiene como objetivo que sirva de ayuda y orientación a personas que se encuentren en una situación parecida, y estén buscando un detonante que les facilite erradicar el alcohol de sus vidas.

Las referencias a cualquier asociación de lucha contra el alcoholismo solo se utilizan para referenciar, no para respaldar ni avalar parte alguna de lo escrito.

Chema Ruiz F. es empresario emprendedor, músico, navegante y escritor. Durante un largo periodo de su vida, tuvo grandes problemas con el alcohol, llegando a ser un alcohólico extremo.

Durante su etapa como director comercial en una gran multinacional, cuando el estrés no le dejaba respirar y el alcohol le arrinconaba contra las cuerdas, consiguió abandonar la bebida por sus propios medios, hace ya más de 20 años.

Fruto de esa experiencia, recopilación de datos, testimonios y charlas con otros alcohólicos, así como de estudios posteriores durante todos estos años, expone su vivencia personal y recopila en este texto una guía con la intención de facilitar la tarea a quienes se plateen dejar el alcohol.

A mi familia, a quien tanto daño causé cuando bebía, y por todo lo que os quité, como marido y padre. Por vuestro apoyo e infinita comprensión, que me ayudo a conseguirlo.

A todos aquellos que queréis dejar de sufrir con el alcohol y ser nuevamente libres.

ÍNDICE

INTRODUCCIÓN

TÚ PUEDES DEJAR DE BEBER

Antes de nada, déjame felicitarte por tu futura ¡NUEVA VIDA! Sí, te lo digo de forma rotunda y firme: **¡Tu nueva vida sin alcohol!**, porque estoy seguro de que la vas a alcanzar.

Si compraste este libro, gastaste algo de tu dinero, dinero que podías haber empleado en el bar más cercano, o bien ha llegado a tus manos por otras causas y vas a invertir tu tiempo en leerlo, sin duda, es porque estás interesado en desterrar el alcohol o, al menos, a darte la oportunidad de contemplarlo y emprender una nueva vida, en total libertad. Eso también te demuestra algo muy importante que te ayudará a conseguirlo: reconocer que tienes un problema con el alcohol, que has decidido eliminarlo de tu día a día, y que necesitas que te echen un cable para salir del pozo.

Estas son las dos condiciones que debes de tener bien claro: primera, que el alcohol te ha vencido, y segunda, que necesitas ayuda para combatirlo. Sé humilde.

Dejar el hábito de beber no es tarea fácil; cualquier apoyo, ayuda, y todo lo que puedas leer al respecto te será beneficioso a la hora de conseguir el objetivo marcado: **dejar el alcohol para siempre.**

Nuevamente, mi más sincera enhorabuena por tu valentía en dar este trascendental paso, no te arrepentirás, ya lo verás. Voy a poner todo de mi parte, resumen de mi propia experiencia, para ayudarte a vencer al **monstruo de la bebida**, o como yo le llamaba: **el bicho.**

Posiblemente, ahora que comienzas a leer este libro, sobre todo si es en papel y lo haces en el metro o el autobús, ocultarás su portada forrándola con papel para que nadie vea el título y de qué va su contenido; si es en tu lector de libros electrónico, de igual manera, intentarás disimular sobre que estás leyendo. Por vergüenza, por vergüenza de ser alcohólico y tener un problema con la bebida.

Pues despídete de esa mala sensación, dentro de poco, cuando tú decidas, cambiarás esa vergüenza por ¡ORGULLO! Sí, piénsalo en voz alta para dentro de ti; te sentirás satisfecho de conseguir, por ti mismo, vencer al monstruo, de ser feliz, tú y todos los que te rodean, esos que se merecen más que nadie tu esfuerzo.

Pronto cambiarás la sensación de vergüenza por la satisfacción de decir, lleno de convicción y como algo de lo más natural: ***«¡Gracias, yo no bebo!».***

Dame la mano, vamos a comenzar juntos este viaje. Yo estaré a tu lado en cada paso que des, déjame ayudarte página a página, capítulo a capítulo, poco a poco. Vamos a elaborar de forma conjunta, tu **plan de acción** personalizado. Tú ya has dado el primer y más importante de ellos: buscar ayuda, buscar solución al problema del alcohol.

Comencemos este prometedor viaje juntos, del que, sin duda, y como yo hago todos los días, te acordarás y disfrutarás el resto de tu **nueva vida.**

Solo te pido que leas con atención, que sopeses todo lo que en los siguientes capítulos irás descubriendo. Si algún apartado no lo entiendes del todo, vuelve atrás en tu lectura y repásalo nuevamente, por favor.

No te creas todo por el mero hecho de estar escrito en estas páginas; lo que dice la sociedad sobre el consumo de alcohol, tus propias opiniones y las de tus amistades... cuestiónalo, piénsalo, razónalo, sé crítico contigo mismo.

Tendemos a creer —equivocadamente— que el consumir alcohol es tan solo un hábito, pero es algo mucho más complejo de lo que te imaginas.

Múltiples factores son los que influyen en su consumo y, sobre todo, una vez que estamos acostumbrados a ingerir ciertas cantidades, nos puede suponer que su abandono se nos presente como una tarea imposible, y nos cueste horrores el dejarlo si lo intentamos de forma vaga.

Entre otras muchas cosas, en las siguientes páginas vamos a intentar esclarecer factores que rodean a esta adicción: las causas de por qué bebemos, el por qué nos cuesta tanto dejarlo, sus efectos, cómo actúa en nuestro organismo, cómo enfrentarnos a él, y después de todo esto, cómo elaborar un plan de acción pormenorizado que te ayude en tu decisión de dejar el alcohol.

Respira hondo, sonríe y vamos a ello.

CAPÍTULO 1

UN ALCOHÓLICO EN EL PRECIPICIO

En primer lugar, y antes de nada, déjame explicarte por qué puedo escribir este libro, y por qué su lectura puede ayudarte a dejar el alcohol y a vivir sin tener que beber.

Ni soy médico, ni psiquiatra, ni hipnotizador, ni nada parecido; los títulos que me avalan, y me dan la formación y experiencia necesaria para escribir este libro, son las siguientes: durante treinta y cinco años fui un gran bebedor, y de ellos, los últimos cinco, un alcohólico extremo, sin posibilidad de remedio o atisbos de dejar la bebida. Esos últimos cinco años fueron los peores de mi vida. El grado de consumo de alcohol era tal que empezando a las siete de la mañana a beber terminaba irremediablemente tumbado en una cama a las ocho de la tarde, de donde no me levantaba hasta el día siguiente, para continuar con la misma rutina: *beber, beber, beber...*

Durante muchos años de mi vida intenté en diversas ocasiones dejar el alcohol o, al menos, bajar su consumo a unas cantidades «razonables», pero a la más mínima ocasión, bien fuese por una celebración, por un momento especial o por pasar una mala racha en el trabajo o situaciones personales adversas, nuevamente retomaba la bebida y, claro, una copa no era suficiente, el monstruo del alcohol siempre esperándote, me pedía más y más.

Casi toda mi vida laboral he desempeñado un trabajo de venta comercial, lo que conlleva —hoy en día, con el teletrabajo, cada vez menos— alternar y socializar con un gran y variado número de personas a diario. Ejercí diferentes cargos en empresas de diversos y muy variados sectores económicos. La última, una multinacional del transporte, con más de 100.000 empleados, y donde ostentaba un cargo de director comercial a nivel nacional; para desempeñar el cargo, una buena presencia y un saber estar eran imprescindibles.

¿Cómo, entonces, no afectaba mi condición de bebedor a diario en el trabajo?

Te conviertes en un autómata —al menos eso te parece a ti—, en un maestro del disimulo, en un mago del saber estar sin detección posible, un coleccionista de excusas y respuestas para todo. ¿Te suena de algo todo esto?

¿Cuántas veces me libré, por los pelos, de que me pillaran en el trabajo con una copa de más? —o eso fue lo que creí—.

Te notaron bebido, pero no te dijeron nada pensando que era algo puntual, esporádico o, en otros casos, por vergüenza de reprochártelo, o porque la otra persona era un subordinado y no quería problemas afeando la conducta a un jefe. Muchas más de las que tú te crees, ¡muchas!, hasta que un día se hace insostenible por la reiteración y te llega lo inevitable: un golpe con el coche, una amonestación de un jefe con su consiguiente toque de atención, una queja o reclamación de un cliente o, peor aún, un despido o un accidente grave.

Cualquier excusa era buena. Una celebración en el trabajo, una mala racha en las ventas, o una buena, ¡qué más da!, una reunión que se alargaba, un viaje de trabajo, un cliente al que le gustaba también beber, miles de excusas eran válidas para justificar una copa, y luego, cómo no, otra más. ¡Qué divertido! ¿Verdad?

El 27 de febrero de 2007, hace ya más de 15 años, dejé definitivamente, y para siempre, el alcohol. Peinaba entonces 45 años. Seis meses más tarde, conseguí también dejar el tabaco, pero esa es otra historia.

Desde ese mismo instante en que dejé de beber, mi vida dio un vuelco radical. Mi salud, totalmente deteriorada, empezó a tomar un cauce normal para mi edad. Prosperé en el trabajo, recuperé afortunadamente mi matrimonio y a mis hijos, de los que, por culpa del alcohol, me fui distanciando irremediablemente día a día. Ya apenas aguantaban mis borracheras, si no hubiese sido por el cariño incondicional que demostraron siempre hacia su padre.

Creemos que beber alcohol asiduamente es solo un hábito, pero... ¿te acuerdas cuando tomaste por primera vez un trago con alcohol?

Bien fuese vino, cerveza o algún licor destilado. ¿A que no fue una buena sensación?, ¿a qué no te gusto? Sin embargo, ahora, ¿por qué te cuesta tanto dejarlo, a sabiendas de que te está matando?

Lo mismo ocurre con el tabaco y la primera calada, el humo te sale por las orejas, te pones azul como un pitufo y juras no fumar en tu vida. Con el alcohol, la sensación es la misma: a casi nadie, por no decir a nadie, le gusta la primera vez que lo prueba. Solo tienes que ver las retorcidas caras que ponemos cuando probamos por primera vez un *whiskey*.

Cuando llevas unas cuantas copas encima, ya no saboreas lo que te tomas, te satura y no te agrada, a sabiendas del daño físico que está ocasionando en tu organismo el alcohol, y no hablemos de las consabidas resacas del día después; ese día siguiente, en el que a duras penas te das cuenta —si es que te acuerdas— de que la has liado parda.

El día después, te invade una tremenda sensación de culpabilidad y vergüenza; es cuando te quieres esconder debajo de las piedras, deseando que nadie te recuerde o recrimine las barbaridades que hiciste o dijiste cuando ibas bien cargadito de alcohol.

Entonces, a pesar de todo el daño que te hace, ¿por qué sigues bebiendo? Ese punto lo veremos en el capítulo SEIS detenidamente.

CAPÍTULO 2

TENEMOS UN PLAN

Si estás pensando que existe una píldora mágica, que te la tragas, y de forma automática se te quitan las ganas de tomar alcohol, olvídate, no existe. De igual manera, el mero hecho de tan solo leer un libro tampoco te va a resolver el problema. Se requieren algunas sencillas condiciones. Una, que al menos estés sobrio cuando leas estas páginas, y dos, que lo leas con calma, despacio, masticando cada una de sus palabras. Es importante entender el objetivo final, tu meta: **dejar de beber** y, para conseguirlo, has de prepararte con antelación.

Para ello, vamos a conseguir preparar tu mente para ese día en que decidas tomar la gran decisión. El objetivo: conseguir un cambio en tu personalidad suficiente para que el bebedor deje de serlo.

Después de leído y asimilado el contenido de este libro, tú serás quien elija el día y el momento en el que te sientas preparado para dar el salto a tu nueva vida. Mientras te preparas para esa gran cita, no es condición excluyente ni necesaria que dejes de beber. Sí, lo has leído bien, no te estoy pidiendo que dejes ahora mismo de beber. Reduce tu consumo todo lo que puedas, eso sí, pero no lo dejes del todo, ese día llegará una vez que termines este libro, estés preparado para que entiendas bien lo que vas a hacer y tengas elaborado tu «plan de acción». Juntos vamos a elaborar tu plan de acción personalizado.

Durante los siguientes capítulos, vamos a desarrollar diferentes aspectos del alcoholismo: sus causas, grados, consecuencias y efectos. Es importante que entiendas y comprendas algunos aspectos básicos de este problema: qué es el alcoholismo, conocer bien a nuestro enemigo; el por qué bebemos y el poder preparar una estrategia que te ayude a erradicarlo de tu vida mediante la elaboración de un plan de acción.

Tranquilo, que no voy a profundizar —no es para nada mi intención— en aspectos técnicos difíciles de entender, reservados a profesionales de la medicina o la psicología, nada de eso, voy a intentar utilizar un lenguaje sencillo y, a todas luces, entendible, sin dejar por ello de tratar algunos aspectos que nos permitan conocer al «bicho», a nuestro enemigo, el alcohol.

Lo lógico es pensar que si yo he podido dejarlo después de más de 30 años bebiendo, otras muchas personas también lo puedan lograr. Y así es, si se prepara de forma concienzuda una estrategia para conseguirlo.

Ya te adelanto, que esto no va a ser coser y cantar. No es tan sencillo como el decir: «¡Mañana lo dejo!, y ya está, problema finiquitado». ¡Ojalá amigo, fuera tan fácil!

Requerirá de esfuerzo por tu parte, de prepararte para el gran momento y de desarrollar tus armas para antes, durante y después de dejar de beber.

Entiendo que si estás leyendo esto, es porque obviamente quieres dejar el alcohol. Con ello ya has dado un primer paso, muy importante: reconocerlo e intentar buscar los medios y la ayuda para erradicar este problema de tu vida.

CAPÍTULO 3

¿REALMENTE SOY YO UN ALCOHÓLICO?

Aunque sea con cierto control, ¿cuándo se convierte en dependencia o necesidad el beber cantidades más o menos grandes?

Si estás leyendo esto, es porque consideras que tu ingesta de alcohol habitual es excesiva o crees tener algún problema de adicción. Aun así, mucha gente duda de si la cantidad que bebe es suficiente para considerarla un problema. Sin duda, la cantidad que se toma es importante para definir un problema de alcoholismo, pero aún es más determinante cómo nos condiciona física y mentalmente.

El psiquiatra americano E. M. Jelineck estableció un cuestionario que te ayudará a juzgar tu propia situación. Está ampliamente difundido, y es utilizado por muchas asociaciones de ayuda para alcohólicos: entre otras muchas, y en especial, Alcohólicos Anónimos.

Este sencillo cuestionario nos permitirá despejar las dudas sobre nuestra cuantía de consumo, y así tener las cosas más claras sobre nuestro nivel respecto al alcohol y cómo nos afecta.

Vamos a verlo en sus tres opciones clasificatorias. Por favor, se sincero es tus respuestas. Si no es así, solo te estarás engañando y ocultando el problema. Si tienes que contestar con SÍ a una o varias de las siguientes preguntas, puedes concluir que estás en **peligro**:

1. ¿Piensa a menudo en el alcohol?
2. ¿Bebe las primeras copas con ansia?
3. ¿Se siente culpable porque bebe?
4. ¿En conversaciones, elude alusiones al alcohol?
5. ¿Ha sufrido alguna vez un *black out* (perder el conocimiento)?
6. ¿Bebe solo?

Estarás en situación **crítica** si tienes que contestar SÍ a alguna de las siguientes preguntas del cuestionario:

1. Después de las primeras copas, ¿tienes un irresistible deseo de seguir bebiendo?
2. ¿Te inventas excusas para tu deseo de beber?
3. ¿Tiendes a sentirte mal psíquica y constantemente culpable porque bebes?
4. ¿Intentas periódicamente vivir en abstinencia total?
5. ¿Has probado un método de beber, por ejemplo: nunca antes de determinada hora?
6. ¿Se apiada visiblemente de sí mismo?
7. ¿Tiendes a asegurarte de que hay una buena reserva de alcohol?
8. ¿Bebes con regularidad por las mañanas?

Por último, estarías en una fase **crónica** si tienes que contestar con un SÍ a estas preguntas:

1. ¿Alguna vez has bebido durante días, sin parar?
2. ¿Afectó a tu capacidad de pensar?
3. ¿Bebes a veces productos alcohólicos técnicos (lociones para el cabello, alcohol de quemar, colonia)?
4. ¿Disminuyó tu aguante ante el alcohol?
5. ¿Notas temblores por la mañana?

La honradez para con uno mismo, en ocasiones, resulta ser muy difícil y desagradable; lo sé por experiencia, puede resultar duro descubrirnos a nosotros mismos. No todo el mundo es lo bastante fuerte para soportar la verdad sin maquillaje, mientras una nube rosa, en forma de alcohol, nos ofrece salidas «falsas» a la rutina diaria.

No tenemos una explicación concreta de cómo se articula el mecanismo por el qué de cada cien personas que beben de vez en cuando para relajarse, o porque sencillamente les apetece en ocasiones, tres o cuatro de ellos llegan a convertirse en alcohólicos.

Recientes estudios se inclinan por señalar —en algunos casos concretos— como causa culpable, para no poder resistirnos a los estímulos que recibimos impulsándonos a consumir alcohol, a tener un bajo nivel de receptores de dopamina; esos receptores forman parte de un sistema llamado circuito de recompensa del cerebro. Avances en la neurociencia apuntan al funcionamiento descontrolado de este circuito, y no a la falta de voluntad como la causa de la adicción.

En la universidad de Stanford, en California, han desarrollado diferentes pruebas para demostrar cómo actúa este circuito e influye en nuestras decisiones. Un breve resumen nos viene a indicar lo siguiente:

> Cuando experimentamos algo placentero, nuestro cerebro se inunda del neurotransmisor dopamina; esto ocurre en el circuito, y se extiende a la corteza prefrontal, la parte de nuestro cerebro responsable de la toma de decisiones. Imagina que realizamos 100 veces una misma tarea en el ordenador; nuestro ordenador no cambia, pero si nuestro cerebro hace algo cien veces el propio cerebro cambia.

Esto nos enseña que, a lo largo de nuestra etapa como bebedor, decenas de miles de veces hemos machacado nuestros receptores de dopamina con el alcohol; por causa de esto, nuestro cerebro ha quedado realmente alterado.

Las miles de veces que hemos hecho el gesto de llevarnos una botella de cerveza a la boca, el ritual de verter el refresco en nuestro *whiskey* o licor o el de llevarnos por enésima vez un vaso con alcohol a los labios durante años, condicionan nuestro cerebro; se acostumbra a estos gestos, igual que lo hacen nuestros músculos cuando realizamos determinados movimientos repetitivos al hacer una determinada actividad deportiva. A estos procesos los denominan «plasticidad sináptica», y así es como el cerebro cambia.

Si queremos abandonar el consumo de alcohol, debemos preparar y desacostumbrar a nuestro cerebro para que, cuando perciba estas imágenes, nuestro «circuito de recompensas» deje de estar secuestrado por estas señales, que son las que le incitan a realizar la rutina de consumir alcohol.

Mediante escáner, se puede comprobar la reacción de nuestro cerebro a diferentes imágenes representativas, tanto con alcohol como no alcohólicas. Este test, llamado «test de reactividad a señales de alcohol», evalúa, con qué grado de intensidad y deseos impulsivos de beber responde nuestro cerebro a cada una de las imágenes que nos muestran en una pantalla.

El cerebro es independiente, no se puede controlar ni nos miente en las pruebas. En los resultados de estos escáneres, se observa con claridad, que las personas pertenecientes a grupos de alcohólicos reaccionan con mucho más énfasis que los no alcohólicos, en los que la mayoría de esas regiones cerebrales no están activadas.

Todo esto nos viene a recalcar que, aunque aparentemente nosotros no sintamos nada cuando vemos una imagen relacionada con el alcohol, nuestro cerebro sí reacciona impulsivamente; sin saberlo, lo hemos acostumbrado a reaccionar así, y nos incita a beber. No existen dos alcohólicos iguales en su nivel de adicción. Como hemos visto anteriormente, depende del grado de afectación en su cerebro.

Si a todo esto le sumamos que estamos rodeados de un consumo excesivo y repetitivo de alcohol, y que está presente de forma continua en nuestra sociedad, nos encontramos con el «coctel» perfecto para su consumo. Es la droga idónea: barata, accesible y socialmente no está mal vista.

A modo de ejemplo, indicar que el alcohol es la sustancia psicoactiva más consumida por la población en España. Según informe de la Organización Mundial de la Salud (OMS), en 2016 el consumo per cápita de alcohol en España era de 10 litros de alcohol puro por persona al año en mayores de 15 años (16,4 litros para hombres y 4,0 para mujeres), prevaleciendo el consumo de cerveza (54 %), seguido de las bebidas espirituosas o licores (28 %) y el vino (18 %). En Europa, el consumo per cápita en mayores de 15 años es de 9,8 litros. Recordar que hablamos de alcohol puro.

CAPÍTULO 4

UNA FORMA DE SUICIDIO

Beber en exceso, ser alcohólico, es lo más parecido que conozco a jugar a la ruleta rusa. La única duda es cuándo va a suceder lo inevitable, cuándo te vas a ir para el otro barrio.

¿Te parece demasiado duro lo que te estoy contando? Qué tengas por seguro que te vas a morir prematuramente si sigues bebiendo, pues sencillamente es tu realidad, no es ninguna fantasía ni exageración. Te lo dice alguien que no habría podido escribirte esto, ni existiría hoy, de no haber dejado el alcohol. Para tener todos los datos, te faltaría saber con seguridad el cuándo y el cómo va a suceder.

El cuándo: pues no solo depende de la cantidad que ingieras a diario o del deterioro físico que ya tengas acumulado en tu cuerpo. Cualquier día, con un simple par de «copitas», ya tienes suficientes papeletas para matarte con el coche o la moto en un accidente, es solo cuestión de seguir jugando, y de comprar boletos todos los días.

Y el cómo: es cuestión de solo dos factores; puede ser, como te dije antes, por un accidente de coche, en tu trabajo manejando maquinaria, en una situación comprometida donde tus condiciones físicas estén mermadas; y eso, si no es a otros a los que matas con tu irresponsabilidad; en ese caso, habrás preferido toda tu vida el ser tú el fallecido o el parapléjico postrado en una silla de ruedas. Pero también es posible que sencillamente tu cuerpo diga ¡basta!, y revientes. Igualmente, a tu cuerpo le estás dando entradas a diario para el gran partido; no para la final, no, ¡para tu final!

Puede ser el hígado castigado, los riñones, ese sufrido corazón con el que dejaste de quererte hace tiempo, o un *mix* de varias dolencias físicas.

Lamento ser tan crudo y ponerme tan serio, pero es que lo que estamos tratando ¡es muy serio!, es tu vida y la de los que te rodean. Si no le tienes aprecio a tu vida, si pretendes seguir minándola un poco más a cada día que pasa, ¡tira este libro!, ¡tíralo a la basura!, y vete a tomar una copa, ahórrate el trabajo de leerlo, eso sí, ¡por favor!, ten la bondad de regalárselo a alguien que esté en tu situación, pero que sea valiente y que quiera salir del pozo.

El esfuerzo de plasmar en este libro mi experiencia como bebedor y como exalcohólico habrá merecido la pena si ayudo con ello, aunque sea a una sola persona, a dejar el alcohol, volver a una vida digna y ser de nuevo feliz. Si te lo tomas en serio, le dedicas el tiempo y atención necesaria a estas páginas, encontrarás la valentía y coraje para dar el paso.

Ayúdate.

CAPÍTULO 5

ALGUNAS CIFRAS

Si queremos vencer a nuestro enemigo, en este caso, el alcohol, primero debemos conocerle mejor. De todos es sabido que la ingesta de alcohol no es saludable, ¿pero en qué medida conocemos sus efectos?

Pongámonos delante algunas cifras que nos permitan hacernos un boceto de lo que representa el alcohol en nuestra sociedad. Para acotar la inmensidad de datos sobre este tema, nos basaremos en datos de un país tipo como España, pero son fácilmente extrapolables a otros países.

El inicio de la ingesta de alcohol se produce, cada vez, a una edad más temprana, estableciéndose —para el 2020— en los 14 años, apreciándose en los últimos tres años un repunte de las intoxicaciones etílicas agudas y episodios intensivos.

Según fuentes de organismos oficiales, la sustancia psicoactiva más consumida hoy en día es el alcohol. El 77,2 % de la población española ha consumido alcohol en los últimos 12 meses, el 63,0 % en los últimos 30 días, y el 8,8 % diariamente en los últimos 30 días. El 19,4 % de los españoles de 15 a 64 años se ha emborrachado en el último año.

El consumo de alcohol en atracón (*binge drinking*) mantiene en general una tendencia ascendente desde 2007. Así, en 2020, el 15,4 % ha consumido alcohol en forma de atracón en los últimos 30 días. Tanto las borracheras como los atracones de alcohol se encuentran más extendidos en el grupo masculino, y se concentran entre los 15 y 34 años.

El 18,6 % de la población entre 15 y 64 años presenta un consumo por encima del nivel considerado de **bajo riesgo** (hasta 10 gramos al día en mujeres y veinte gramos al día en el caso de los hombres). En esta amplia franja de edad, el 77,2 % bebió alcohol en el último año, el 63 % en el último mes y el 8,8 % declara beber alcohol a diario. La prevalencia de consumo para estos tramos es, en general, superior en las chicas que en los chicos. En el grupo de menores de edad (14 a 17 años), un 47,1 % de los chicos y un 52,3 % de las chicas dice que se ha emborrachado alguna vez. En concreto, en el grupo de 15 y 16 años, la prevalencia en los últimos 30 días fue del 17 % por encima de la media europea, que se sitúa en el 13 %. En 1950 el consumo de alcohol puro, por persona y año, era de 3,6 litros; en 1960 = 7,79 litros; en 1975 = 10 litros; en 1989 = 12,3 litros, y así progresivamente año tras año.

¿Qué cantidad de alcohol puede asumir nuestro cuerpo? Influyen aspectos como el peso, altura y corpulencia de cada individuo, así como el sexo; si tomamos una constitución media, el **máximo** sería:

- En un hombre sano, unos 80 gramos de alcohol puro/día.
- En una mujer sana, unos 40 gramos de alcohol puro/día.

¿Cuánto tenemos que beber para alcanzar estas cantidades? 80 gramos de alcohol = 2 litros de cerveza o 1 litro de vino. La cantidad de 80 gramos de alcohol puro al día es el **límite** que el organismo puede soportar, a condición de que haya intervalos regulares sin beber. El 40 % de los muertos en accidentes de tráfico tienen relación o se deben al consumo de alcohol.

¿Cómo actúa nuestro cuerpo frente al alcohol? Con múltiples y desastrosas consecuencias, pero déjame que te resalte tan solo alguna de ellas.

Del 90 al 98 % del alcohol puro es quemado por el hígado; del 2 al 10 % restante se disuelve en el sudor, por el aliento, los riñones, el intestino y también por las lágrimas.

Nuestro hígado —entendemos que en buen estado— puede quemar entre 7 y 12 gramos de alcohol puro a cada hora. A nuestro hígado le estamos dando una hora de trabajo cuando ingerimos 125 ml de vino o 250 ml de cerveza.

Para desechar estos12 gramos de alcohol puro, el hígado necesita unos 17 litros de oxígeno; para poder funcionar normalmente, nuestra central del metabolismo necesita —justamente— apenas 17 litros de oxígeno por hora. Si la totalidad del oxígeno se utiliza para quemar el alcohol que hemos bebido, a nuestro organismo le falta este elemento vital, **le falta el oxígeno**. Nuestro metabolismo precisa de oxígeno, si no lo tiene en la cantidad necesaria, no puede funcionar correctamente. Además, la ingesta de alcohol se suele realizar en ambientes cerrados, y muchas veces cargados de humo, lo que agudiza el problema de la obtención de oxígeno al respirar.

¿Qué hace nuestro hígado? El hígado no puede quemar tanta grasa y albúmina, de modo que la grasa se almacena y suben las presiones en sangre y de ácido úrico.

El consumo continuado de alcohol da lugar al llamado «hígado graso». La producción necesaria de azúcar por el hígado no se hace en cantidades suficientes, y se puede llegar a la hipoglucemia —falta de azúcar en la sangre—. Esto se produce cuando el nivel de azúcar en la sangre desciende por debajo de 70 miligramos.

Estos puntos se interconectan de forma que al bebedor, de repente, le entra un hambre atroz, principalmente de alimentos y productos dulces. Entre los síntomas de este estado se presentan sensación de flojedad en los músculos, temblores, hambre, sudor y en casos extremos, pérdida de conocimiento.

Para sufrir una inflamación del hígado, basta con una sola borrachera. Tendemos a pensar que lo peor son los efectos de la resaca al día siguiente, pero los efectos negativos sufridos por nuestro organismo, en uno solo de estos excesos, son enormes, y no solo por el hígado, también otros órganos como nuestro corazón y cerebro los sufren, veamos alguno de ellos.

El intercambio de calcio necesario para que el musculo del corazón pueda encogerse y volver a retomar su tamaño ya no se hace ordenadamente en las células musculares del corazón. Si padecemos una profunda borrachera, morirán— aproximadamente— 10 millones de los cerca de 100 mil millones de células que tiene nuestro cerebro. Estas células, se pierden **para siempre**, no pueden ser regeneradas ni con medicamentos ni con terapias.

El alcohol es un narcótico, y modifica nuestro «umbral del dolor» modificando nuestra percepción del mismo. Sentidos como la coordinación y el equilibrio, se descontrolan. La falta de sensibilidad y percepción del dolor pueden dar lugar a caídas, y otras lesiones muy graves.

La inflamación del páncreas puede presentarse desde una primera borrachera profunda, pudiendo terminar en una pancreatitis extrema. Cuando dormimos, el alcohol estimula la respiración, con fuertes ronquidos. La respiración acelerada puede llevar a parálisis respiratoria. La ingesta de alcohol, hace que el corazón trabaje de forma más forzada; el cuerpo reacciona con diferentes grados de fallos en la circulación. Una alta ingesta de alcohol disminuye el pensamiento consecuente; influye sobre la memoria reciente, y se puede llegar al desmayo.

El alcohol provoca al menos 7 tipos de cáncer. Una de las formas en que el alcohol (en forma de etanol) puede causar cáncer es a través del daño al ADN. Se sabe que el consumo de alcohol aumenta el riesgo de desarrollo de cáncer en cavidad oral (boca), faringe, esófago, hígado, laringe (cuerdas vocales), colorrectal (intestino grueso y recto), mama (en mujeres).

No todo son malas noticias, déjame que te dé una buena: el hígado graso, en la mayoría de los casos, es reversible. Si dejas de beber, el hígado se recuperará en un periodo bastante corto de tiempo. Este plazo dependerá de su estado anterior, y si aparte del alcohol ha sido dañado por otras causas como medicación, vida sedentaria, dieta alta en calorías. El hígado graso no causa ningún síntoma aparente, y solo delata su estado cuando un médico lo examina —por ejemplo— a través de una ecografía.

Consumir alcohol es otra fuente con la que contribuimos a sumar calorías en nuestro organismo. Por ejemplo:

- 3 cervezas equivalen a 1 trozo de tarta.
- 1 gin tonic = 300 Kcal.
- 1 cola-Ron / aguardiente / anís = 260 Kcal.
- 1 cola – *Whiskey* = 240 Kcal, o lo que es lo mismo, ½ tableta de chocolate.

Las bebidas que suelen utilizarse en los combinados tienen una gran cantidad de azúcar, como las colas, aunque, a diferencia de lo que generalmente se piensa, aun contienen más azúcar las tónicas que las colas: unos 7 terrones en cada envase utilizado para un combinado.

Unas últimas cifras:

- En España, cada año, se producen más de 15.000 muertes por consumo de alcohol.
- El 45 % de las muertes al volante tiene detrás como causa el alcohol y las drogas.

Podemos cumplimentar otras muchas páginas con los problemas que nos ocasiona el beber, pero creo que para hacerte una composición de lugar de lo que te espera —con toda seguridad— si sigues con la bebida, es más que suficiente.

CAPÍTULO 6

¿POR QUÉ SEGUIMOS BEBIENDO?

Ya hemos visto que el alcohol es la droga de mayor consumo, de fácil adquisición, barata, bien vista socialmente y que nos hace disfrutar. Es un fabuloso lubricante social, que facilita las relaciones con otras personas, produce cáncer, problemas cardiovasculares y trastornos neurológicos, pero, ¡oye!, haces amigos. ¿Qué más se le puede pedir?

La causa de toda esta «felicidad y bienestar» cuando bebemos es debida a que aumenta la actividad de las neuronas que generan la **dopamina y endorfinas.** Por eso nos gusta, al menos al principio.

Cuatro son los químicos —hormonas— que se generan de forma natural: **endorfina, serotonina, dopamina y oxitocina,** conocidos como «el cuarteto de la felicidad». El nombre se le otorga, ya que las mencionadas hormonas están involucradas en procesos biológicos que provocan en nosotros el sentimiento de felicidad.

Con un par de copas, te relajas, te ríes, de desinhibes, te aborda una agradable sensación de euforia, te diviertes, entonces, ¿por qué dejarlo si me lo estoy pasando genial?

Si, además, ya sufres de ansiedad o tristeza, beber puede empeorar esos sentimientos a consecuencia de la bebida. La producción de citosinas se ve reducida por la ingesta alcohólica; estas son el agente responsables de la comunicación intercelular, y son clave para defender a nuestro cuerpo de infecciones. Nuestro sistema inmunológico queda debilitado con el consumo repetitivo del alcohol.

Parémonos a ver quién es el causante de todo este océano de felicidad, las mencionadas **endorfinas**. Se las conoce como «hormonas de la felicidad» porque son las sustancias responsables de sentir placer y disfrutar de la vida. También contribuyen a reducir la sensación de dolor, es decir, son un analgésico natural; y entre otras funciones, participan en la regulación del apetito y fortalecen nuestro sistema inmune.

Las endorfinas son sustancias analgésicas que facilitan la comunicación entre nuestras neuronas, estimulan los centros de placer del cerebro y reducen la sensación de dolor. Una definición más académica de endorfina:

> Sustancia que elabora el cuerpo, que pueden aliviar el dolor y ofrecernos una grata sensación de bienestar. Las endorfinas son péptidos (proteínas pequeñas) que se unen con los receptores de los opioides del sistema nervioso central. Una endorfina es un tipo de neurotransmisor.

Todos estos efectos hacen que se conozcan también como opiáceos endógenos. Opiáceos por su similitud con los efectos del opio o la morfina, y endógenos porque son generados dentro de nuestro cuerpo. Disminuyen la ansiedad, dado su efecto analgésico, y aumentan la sensación de tranquilidad y paz.

Debido a que son muy importantes para diversas funciones en el organismo, es importante que sus niveles se encuentren en concentraciones saludables. Las principales funciones de las endorfinas son:

- Mejorar el humor. Las endorfinas actúan en el cerebro regulando la ansiedad, aumentando la sensación de felicidad y mejorando el humor, por lo que bajos niveles de este neurotransmisor pueden causar ansiedad y causar depresión.
- Aumentar la autoestima. La liberación de endorfinas por el cuerpo aumenta la sensación de bienestar, felicidad y placer, que ayudan a aumentar la autoconfianza, mejorando la autoestima.
- Reducir el dolor. Las endorfinas poseen acción analgésica, semejante a los medicamentos opioides, como la morfina, siendo liberada de forma natural por el cuerpo en situaciones de dolor, al igual que se efectúan ejercicios de rehabilitación después de una cirugía.
- Reducir el estrés. Además de la disminución de la sensación de dolor, las endorfinas también ayudan a reducir el estrés, debido a que actúan regulando la liberación de hormonas relacionadas con el estrés.
- Memoria y atención. Las endorfinas también ayudan a mejorar la memoria y la atención, ya que cuando se liberan, aumentan la sensación de bienestar, lo que facilita la atención a los estímulos externos y permite ser percibidos de forma más clara.
- Sistema inmune. Este sistema se ve reforzado debido a que reduce el estrés emocional; en situaciones de

depresión o estrés crónico, nuestro sistema inmunológico se debilita, disminuye la capacidad de combatir microorganismos y aumenta el riesgo de enfermedades.

- Aumentar el deseo sexual. Las endorfinas tienen influencia en la sexualidad, ya que inducen la síntesis y liberación de otras hormonas, como oxitocina, por ejemplo, también conocida como la hormona del amor, que lleva al aumento de deseo sexual, además de facilitar el vínculo amoroso, debido a que causa sensación de felicidad y bienestar.

Como podrás comprobar, por todos estos efectos que se describen, el alcohol se presenta como la «panacea», el final para todos nuestros males. Bueno, en cierto modo, sí, lo malo, es que tiene un alto precio que no se liquida con dinero; se paga con tu salud y, en muchos casos, con tu propia vida.

¿Entonces, solo la ingesta de alcohol me facilita estas sustancias en mi cuerpo? Tranquilo, afortunadamente la respuesta es un contundente NO. Al final de estos capítulos, cuando preparemos el **plan de acción** veremos algunas formas de generar estas sustancias de forma sana, sin dañar nuestro cuerpo con el alcohol.

CAPÍTULO 7

EL DÍA DESPUÉS

Cuando estás inmerso en el consumo continuado de alcohol, es cada vez más frecuente que hagan presencia las consabidas borracheras. Tras cada juerga o día de excesos bebiendo, llega el temido «día de después»; ese en el que te preguntas qué has hecho, qué trastada habrás cometido en medio de tu locura alcohólica de ayer, cuando bebiste hasta casi perder el control.

No recuerdas apenas nada. Haces mil esfuerzos por intentar recordar ¡qué demonios hiciste o dijiste!, cómo conseguiste volver a casa sin matarte con el coche, o qué fue aquello que le dijiste al señor del bar y se puso como un energúmeno queriéndote agredir. ¡Dios, apenas recuerdo nada! ¿Te suena?

Te invade el sentimiento de culpa, y lo que sí consigues es que se te caiga la cara de vergüenza intentado, una y otra vez, recordar algo del día anterior que te permita averiguar cuándo, y con quién metiste la pata, fruto de tu embriaguez.

Beber es solo divertido para ti, los que beben contigo y el que te cobra las copas en el bar; para los demás, tener al lado a alguien en estado de embriaguez solo causa repulsa, lástima y distanciamiento; te aseguro que no es nada gracioso ni agradable.

Posiblemente alegarás en tu defensa que mucha gente sale en pandilla, beben y se divierten enormemente, y no por ello tienen problemas con el alcohol. Tú lo has dicho, beben, simplemente beben, pero no necesariamente tiene que ser alcohol, y mucho menos tiene que ser en cantidades ingentes para reírse y pasarlo bien.

Tu actitud —metido en copas— te puede resultar divertida, pero esa sensación es solo para ti y los que te acompañan bebiendo y haciendo locuras por ir cargados de alcohol. Al día siguiente, cuando intentas darte cuenta de tus excesos, esa desagradable sensación de repulsa, junto con la de culpabilidad, también se hace tuya.

Como persona, pierdes la dignidad y el respeto de los demás, convirtiéndote en un simple personaje al que otras personas intentan evitar, todos, menos los que toman copas contigo, y el del bar, ese que se llena los bolsillos con tu dinero a costa de tu adicción al alcohol. Por cierto, mírate la cartera, y suma todo lo que te gastaste ayer en alcohol: otra vez un montón, ¿verdad?

Estoy seguro de que muchas veces te habrás preguntado: «¿Con lo buenas que me saben las copas, por qué luego lo paso tan mal?». No me vengas con el manido rollo de «¡son daños colaterales!, ¡es lo normal después de beber!», y veamos el por qué tenemos resaca al día siguiente. Trato de darte una explicación sencilla al porqué de la resaca, y sería la siguiente:

Una de las consecuencias más temidas de vivir una noche loca llena de alcohol es, sin duda, el día después con sus desagradables efectos: dolor de cabeza, terrible sensación de sed, malestar general, náuseas, cansancio, dolores musculares y de estómago, vértigos, irritabilidad, sensación de que todo da vueltas en tu cabeza; estos son solo algunos de sus síntomas.

Conocemos, con antelación y muy bien, la historia, sin embargo, pese a saber el final, nos entregamos al juego del alcohol, a sabiendas de conocer el resultado. Siempre nos decimos lo de ¡un par de copas no hacen daño a nadie!

Con el alcohol, entre otros efectos, deshidratamos el cuerpo, ya que inhibe la producción de la hormona antidiurética encargada de ordenar a los riñones «que conserven agua». Al reducir el nivel de esta hormona, aumentamos la producción de orina y reducimos el nivel de azúcar en sangre.

Seguro que te suena eso de estar visitando el servicio para orinar a cada copa que te tomas, ¿verdad? Esto te hace sentir hambriento, débil y enfermo, sin olvidarnos del consabido dolor de cabeza y la sensación de sed, y que solo son una respuesta de nuestro cuerpo a la deshidratación.

La resaca que provoca cada bebida, depende, en gran medida, junto con el etanol, de los azúcares fermentados que se usen en su obtención y de sus levaduras. Por norma general, las bebidas oscuras son las que más resaca producen, ya que suelen contener más congéneres.

¿Que qué son los congéneres? Intento también explicártelo de forma simple y sencilla: de acuerdo con el NHS, (Servicio Británico de Salud Pública), los congéneres son químicos naturales que irritan los vasos sanguíneos, el tejido cerebral, y son responsables de que los síntomas de una resaca sean mayores y más desagradables.

Estos elementos son producto directo del proceso de fermentación y destilación del alcohol. Cuando se produce una bebida alcohólica, se necesita el proceso de la fermentación. Las levaduras se encargan de descomponer los azúcares e hidratos de carbono de los ingredientes que se usan, y que varían según la bebida alcohólica que se esté fabricando.

Durante el proceso, se generan diferentes sustancias químicas —como los congéneres— que son unos de los responsables del color, olor y sabor final de la bebida.

Aunque el principal responsable de las resacas es el etanol, los congéneres implican también un riesgo, ya que muchas de estas sustancias como acetonas, aminas, amidas, metanol, polifenoles, histamina, acetaldehído, y taninos, entre otros, son altamente tóxicos a pesar de que se encuentran en pequeñas cantidades.

Por si fuera poco, y por regla general para las mujeres, debido a su constitución física, la resaca que padecen es peor que para los hombres. Esto es debido —normalmente— al que al tener menos grasa corporal y menos músculos, las mujeres se deshidratan antes, aun cuando tomen la misma cantidad de alcohol. Por esta razón, suelen tener un mayor índice de alcohol en sangre, ya que tienen menos agua en la que diluir el alcohol.

Los desagradables efectos del «día después», son de dos tipos: los físicos, y los sociales. Al día siguiente, ves la realidad de las cosas; no la realidad distorsionada que te dan unas cuantas copas, no ese mundo donde todo da igual y todo es divertido, ¡la cruda realidad!, la de que eres alguien que se refugia en la bebida para escapar de su verdad.

Al día siguiente, por costumbre, lejos de reconocer tus errores y tus excesos con el alcohol, agachas la cabeza y escondes tus vergüenzas por los rincones, en la confianza de que nadie de tu entorno te afee la conducta. Si a alguien de tu alrededor se le ocurre reprocharte los excesos del día anterior, sueles negar la mayor o intentas quitarle importancia. Otras veces, optas por montar en cólera, sintiéndote herido en tu dignidad y enfadado contigo mismo y el mundo entero.

Por toda solución, simplemente escapas. Ignoras la situación, y sales corriendo al bar con cualquier excusa. Vuelves a beber, y comienzas un nuevo ciclo: beber, borrachera, resaca; y así, un día y otro, ¡qué más da! —te dices a ti mismo a modo de consuelo—.

Con este ritual, te conviertes en una especie de hámster, dando continuas vueltas sin fin en una noria, encerrado en tu propia cárcel. Creo que ya es hora de salir de esa jaula en la que te encuentras encerrado desde hace tiempo, y que solo te causa dolor y sufrimiento, a ti y a los que te rodean. Ponte las pilas y vete preparando porque pronto saldrás de esa celda y te despedirás del bicho para siempre.

CAPÍTULO 8

LA ADICCIÓN AL ALCOHOL

Según definición del NIH (National Institute on Alcohol Abuse and Alcoholism):

> La adicción al alcohol es un trastorno crónico recurrente, asociado con el consumo compulsivo de alcohol, la pérdida del control sobre la ingesta y la aparición de un estado emocional negativo cuando el alcohol ya no está disponible. El trastorno por consumo de alcohol es una afección caracterizada por la capacidad deteriorada para detener o controlar el consumo de alcohol a pesar de las consecuencias sociales, ocupacionales o de salud adversas. Es un trastorno del espectro y puede ser leve, moderado o grave, y abarca las afecciones a las que algunas personas se refieren como abuso de alcohol, dependencia del alcohol o el término coloquial alcoholismo.

¿Cómo se desarrolla la adicción en nuestro cerebro? Como ya hemos visto anteriormente, el alcohol, ejerce un poderoso efecto de bienestar sobre nosotros al desencadenar la producción de determinadas sustancias —dopamina y endorfinas— por nuestro cerebro. La presencia de estas sustancias en nuestro organismo, nos genera sentimientos placenteros y, al mismo tiempo, reduce los sentimientos negativos. Estas recompensas emocionales, pueden incentivarnos a beber alcohol de forma continuada y repetida, aunque ello suponga evidentes riesgos para nuestra salud y bienestar futuro. La duración limitada de estas agradables sensaciones de embriaguez acentúa el consumo de alcohol para reforzarlas o conseguir más cantidad de esta sensación.

Está demostrado que cuando bebemos asiduamente, con el tiempo se nos generan incómodos momentos, con estados emocionales negativos y desagradables; esto nos sucede durante el tiempo que transcurre entre el periodo en el que consumimos alcohol y el siguiente. Estos incómodos periodos en los que no bebemos y nos sentimos mal por la ausencia de nuestra «droga» son los que nos llevan a quedar atrapados en el ciclo de consumo de alcohol.

Queremos estar y sentirnos bien, aunque sepamos que luego vamos a pasar un mal rato, cuando se pasen los efectos del alcohol y aparezca la resaca. ¡No importa!, después, en cuanto podamos, volvemos a beber más para sentir nuevamente esa sensación tan agradable, y le seguimos dando vueltas a nuestra particular «ruleta rusa», no pasa nada. Intentamos así que el periodo en el que no ingerimos alcohol sea cada vez más corto y más largos los momentos en los que nos zambullimos en alcohol. Buscamos estar el mayor tiempo posible colocados; «ahogando las penas», lo llaman. Yo lo llamo perder la partida y caer derrotado otra vez por el alcohol.

Según se prolonga y acentúa esta costumbre, con el tiempo ocurren cambios progresivos en la estructura y función de nuestros cerebros. Nuestra voluntad es cada vez más débil, incapaz de luchar con el «bicho», que nos atrae cada vez con más fuerza, y facilitan —de forma lamentable— la transición, pasando del consumo controlado y ocasional al consumo crónico e indeseable, convirtiéndolo en un hábito muy difícil de controlar.

Este cambio en nuestra conducta puede quedar reflejado, incluso bastante tiempo después de dejar de consumir alcohol, con el consabido riesgo de recaída; por eso debemos de tenerlo muy presente y en cuenta a la hora de dejar de beber. Vamos a definir tres etapas en el **ciclo de adicción:**

Etapa del consumo excesivo de alcohol/intoxicación: recompensa. Durante esta etapa, una persona experimenta los efectos gratificantes del alcohol, como la euforia, la reducción de la ansiedad y la facilidad para las relaciones sociales.

Los ganglios basales forman parte de las estructuras más primitivas del cerebro humano. Estos grupos de células nerviosas se encargan de llevar a cabo procesos relacionados con el aprendizaje implícito, el sistema de incentivos y la realización de movimientos.

La activación repetida del sistema de recompensa de los ganglios basales refuerza la necesidad de consumo de alcohol, aumentando la probabilidad de consumo repetido. En nuestra motivación, los comportamientos rutinarios y en la creación de hábitos influyen los ganglios basales.

Esta activación repetida desencadena modificaciones en la forma en que una persona responde a los estímulos asociados con el consumo de alcohol, por ejemplo, con personas concretas, determinados lugares o señales asociadas con el alcohol, como pueden ser determinadas formas, imágenes o descripciones de la bebida, marcas, distintivos, etc. Con el tiempo, estos estímulos generan en nosotros poderosos ímpetus descontrolados de beber alcohol. La ingesta continuada de alcohol conlleva la formación de costumbres, lo que a la larga contribuye a la reiteración compulsiva de estos hábitos.

Etapa de afecto negativo/abstinencia: disminución de las recompensas en nuestro cerebro y exceso de estrés. Lógicamente, la abstinencia produce —en un principio— el efecto contrario al que sentimos cuando estamos regularmente bebiendo: nuestro organismo echa en falta, por la privación del alcohol, las recompensas emocionales a las que estábamos acostumbrados, generando un estado emocional negativo.

Según reseña el INH, se plantea la hipótesis de que este estado emocional negativo hiperactivo impulsa el consumo de alcohol para encontrar alivio de este estado emocional. Veremos más adelante que esto puede ser causado por serios cambios sufridos en nuestro sistema de recompensa cerebral y estrés. Sobre este tema continúa:

> Se intuye que los sentimientos negativos producidos a consecuencia de la abstinencia de alcohol provienen de dos fuentes. En primer lugar, una activación disminuida en los sistemas de recompensa. La reducción de estas nos provoca que sea difícil para las personas experimentar los placeres de la vida cotidiana.
>
> En segundo lugar, como contrapartida, una excitación y activación de nuestro sistema conectado con el estrés, en la amígdala extendida, hace que desarrollemos ansiedad, irritabilidad e inquietud. En esta situación, el bebedor ya no busca el alcohol por sus efectos placenteros

de embriaguez, sino más bien para escapar de la desagradable sensación que produce el consumo crónico del alcohol.

Etapa de preocupación/anticipación. Esta es la etapa de deseo, de impulsividad, en la que buscamos el alcohol nuevamente después de un período de abstinencia. Nos preocupamos por tomar alcohol y cómo obtener más de él, esperamos con ansiedad la próxima vez que lo consumiremos. La corteza prefrontal, un área del cerebro responsable de la función ejecutiva, incluida la capacidad de organizar pensamientos y actividades, priorizar tareas, administrar el tiempo y tomar decisiones, se ve afectada en las personas con adicción al alcohol.

El alcohol, no deja de ser un producto destinado a la venta para hacer negocio por parte de sus fabricantes. Por lo visto anteriormente, queda claro que su ingesta en grandes cantidades produce en nuestro cuerpo estímulos suficientes para que nos resulte placentero su consumo, y para que cada vez queramos tomar más cantidad y con más frecuencia. Al mismo tiempo, si no lo tomamos, nos castiga con sensaciones negativas para que volvamos a retomar su consumo.

Lo único que le falta al producto es una soberbia presentación, y la tiene; tanto en sus envases como en la publicidad y lo que «viste» a estos productos. Lo que rodea a las bebidas alcohólicas, en especial lo relacionado con su publicidad y los envases que lo contienen o que se usan para su consumo, está rodeado de un halo de seducción. La publicidad realza el producto haciendo que lo cataloguemos de «genial», de producto maravilloso, donde los personajes de los anuncios son fascinantes y *sexys*, y con actividades frenéticas y divertidas.

¿Tú has visto en algún anuncio de licores gente triste, fea, pobre, mediocre?, ¿verdad que no? Siempre nos presentan el producto como el elixir de la felicidad, la belleza, la riqueza y, por supuesto, de la diversión sin límites.

Productos que tienden a convencerte de que si lo tomas, serás la persona más guapa del mundo, tendrás el deportivo que sale en el anuncio y serás siempre feliz porque todas tus conquistas querrán estar a tu lado, junto con la libertad eterna. Solo les falta prometer que nunca se te caerá el pelo ni envejecerás por muchos años que cumplas.

Ninguno muestra ningún aspecto negativo del alcohol que contienen; eso sí, acompañan el *slogan* —obligatorio por ley— de «Bebe con moderación, es tu responsabilidad». ¿Qué beba algo perjudicial para mi salud con moderación?, ¿Qué incongruencia es esta? Si la sociedad de nuestro país bebiera solo con «moderación», la industria del alcohol quebraría.

Difundir la creencia, de que solo es perjudicial en cantidades excesivas es totalmente errónea. Se ha demostrado que ningún nivel de consumo es seguro. Desde la más pequeña copa de licor, con cantidades mínimas, como un chupito, ya tiene un efecto negativo y es convocador en seis tipos de cáncer, algunos, —por desgracia— muy frecuentes como el cáncer de mama y el cáncer colorrectal.

Los responsables de empresas del sector niegan la evidencia y rechazan incluir un etiquetado de advertencia sobre el cáncer; lo estiman como algo «desproporcionado». Con el tabaco no solo sí se ha hecho, también se han incluido, imágenes de los efectos desastrosos que produce en los fumadores. ¿Por qué con el alcohol no se consigue?

Todos los elementos que conforman los anuncios de bebidas alcohólicas están escogidos con la intención de comunicar ideas tales como «esta gente es igual que yo», «este producto alcohólico hace que todo sea maravilloso», «este producto está de moda, lo bebe todo el mundo, no voy a ser yo el “raro” que no lo toma», «si consumo esta marca de *whiskey*, yo puedo ser igual de fascinante, *sexy* y exitoso que la gente que aparece en el anuncio, y puedo divertirme igual que ellos»; en definitiva, buscan crear la necesidad en la gente para que se la vea en su entorno bebiendo este producto.

En resumen, todos estos conceptos se unen para sugerir efectos positivos a quien lo consuma. Se hace ineludible tener que buscar «otras opciones» o alternativas a la hora de beber.

CAPÍTULO 9

SUSTITUTOS QUE TE AYUDARÁN

No se trata de engañar al «bicho», se trata de vencerle, de derrotarle. Si utilizas sustitutos para refrenar las ansias de beber, solo prolongarás las ganas de beber y te será más difícil en lugar de más fácil. Te estará ganando una vez más la partida, no le des esa ventaja, no le des esa oportunidad. Mantente firme en tu decisión de no beber.

Como ya hemos comentado, una vez tomada la decisión de no beber más y cambiar tus hábitos, las primeras 24-72 horas después de la decisión son en las que más lo echarás de menos; del cuarto al séptimo día te seguirá costando, pero ya no será tan duro; lo notarás, ya que tu cuerpo y mente reaccionarán paulatinamente de forma muy positiva, te sentirás mejor y, sobre todo, te ira invadiendo una sensación interna gratificante, de satisfacción y orgullo personal, una sonrisa se irá dibujando en tu cara, y cuando pienses en el «bicho», te dirás para ti: «Ahí te quedas».

Ten presente lo siguiente:

- No existe un sustituto del alcohol.
- No necesitas beber alcohol, no es un líquido bueno para tu cuerpo, es un veneno que te matará. Si el cuerpo te pide beber, si notas ansiedad, recuerda que solo la sufren los alcohólicos, los no alcohólicos ya no la sufren. Considera esa ansiedad como otra de las armas del «bicho» llamándote nuevamente.
- Por favor, ten muy presente que otra copa crea la ausencia, la soledad, el dolor, no la compañía ni la felicidad que buscas.
- No es necesario el alcohol para evadirte de los problemas o relajarte. Tienes muchas opciones que te ayudarán en cada ocasión. Deporte, *hobbies*, yoga, lectura, escritura, pintura...

Si te dices a ti mismo que necesitas un consuelo, un sustituto, es como si te dijeras que te estas privando de algo, castigando por no obtenerlo. ¿Privando de qué?, ¿del veneno?, ¿del bicho?, ¿de seguir suicidándote? No te centres en buscar sustitutos, no los necesitas, no te estás privando de nada, y en caso de consolarte con los dulces, el tabaco o la comida basura, solo estarías cambiando un problema por otro.

Otra cosa muy diferente es cómo reaccionar y qué beber en momentos determinados, en los que no podrás evitar tener que elegir entre qué beber o qué tomarte, según el momento.

Se te presentarán, muchas o múltiples ocasiones; por ejemplo: una comida de empresa, familiar o con conocidos. Una fiesta, una tarde con los amigos en un bar, un evento musical, después de un teatro o cine, y un muy, muy largo etc. Y te preguntarás: «¿Yo en un bar?, ¿Pero no he dejado de beber?».

Sí, has dejado de beber alcohol, no de beber. Tu vida no tiene que cambiar, lo que tienes que cambiar son tus hábitos y gustos a la hora de elegir lo que hay en el vaso que te vas a tomar, nada más y nada menos. No tienes que renunciar a ninguna de tus actividades cotidianas. Hacerlo sería darle la victoria al «bicho» por condicionarte. Ya te hizo bastante mal cuando bebías, ahora tú eliges lo que bebes, y sin privarte de ir o no al sitio que tu decidas.

Afortunadamente, hoy en día existe un abanico enorme de posibilidades a la hora de elegir una bebida, según sea el momento y gustos de cada uno. Yo, por ejemplo, me he hecho un pequeño experto en cervezas y vinos sin alcohol. Si te soy sincero, la primera vez que probé una cerveza sin alcohol me supo a rayos, muy amarga; ahora, no podría con el sabor de una cerveza convencional. ¿Te suena de la primera cerveza con alcohol que tomaste en tu vida, y que ya comentamos en otro capítulo?, pues igual, al poco tiempo empiezas a cogerle el gusto, y no deja de ser una cerveza tan buena como la que están tomando tus amigos o compañeros de barra o mesa. La única diferencia es que no tiene alcohol. Tú ganas, el «bicho» pierde.

En cervezas las tienes rubias, negras, tostadas, de trigo, de cebada, nacionales, de importación, etc. Entre todas ellas irás encontrando las que más te gustan y, con el tiempo, te harás un experto, ya lo verás.

La cerveza sin alcohol es solo una idea, pero hoy en día tienes un montón de opciones de bebidas sin alcohol para corresponder a tus necesidades y gustos, en cada situación del día o de la noche. Opciones cada vez más desarrolladas y conseguidas, como los vinos desalcoholizados, por ejemplo; otros, como tónicas, bíter, zumos, refrescos, aguas de todas clases y orígenes, con gas y sin gas, cafés, infusiones de todos los colores y sabores que te puedas imaginar, granizados, bebidas locales tipo horchata o kombucha, etc.

Cambiar cantidad de bebidas alcohólicas por cantidad de bebidas no alcohólicas tampoco va a ser bueno para nadie, por regla general, salvo en el apartado de las aguas o infusiones no azucaradas. El resto, por regla general, suelen contener gran cantidad de azúcar, lo que no es nada bueno, sobre todo si tienes algún grado de diabetes.

De todas formas, piensa que cualquier bebida que no contenga alcohol va a ser siempre mucho más saludable para tu organismo que cualquier otra que lo contenga, por pequeña que sea su cantidad.

Repito que no se trata de sustituir al alcohol, sino de qué bebida te vas a tomar en aquellas situaciones en las que, de forma habitual, los demás toman alcohol. Simplemente eso: saber de memoria, en cada momento, en cada situación, qué tomarías que no contenga al bicho.

No está de más hacerte un pequeño listín según las ocasiones que te vas o puedes encontrar, en una jornada, por ejemplo:

- En las comidas y cenas: cerveza sin alcohol o agua.
- En casa, en una ocasión o celebración especial: vino o cerveza sin alcohol.
- Con los amigos a la hora del aperitivo: cerveza sin alcohol, bíter o tónica.
- Después de la comida, cuando los demás se toman una copa o un licor: una tónica, café, infusiones, otro postre.
- En alguna reunión informal: agua o agua con gas, y una rodaja de limón, por ejemplo.
- Los fines de semana en casa: cócteles sin alcohol; son una buena alternativa a las bebidas alcohólicas. La ingesta de cócteles no tiene que estar reñida con lucir una buena figura; emplea zumos de frutas en lugar de

> refrescos gaseosos y azucarados. Además, si mezclas sandía, piña, naranja, frutos rojos o vegetales como el tomate o la zanahoria, se pueden conseguir cócteles con sabor dulce sin añadir ningún edulcorante artificial.

Si trabajas un poco la imaginación y la maridas de tus gustos, encontrarás un cóctel perfecto para cada ocasión.

Una clasificación de estos puede ser para el aperitivo, los digestivos y los tragos largos. En primer lugar, los que se acostumbran a consumir antes de las comidas; destacan por ser tragos cortos, amargos, secos y poco dulces en los que predominan las frutas cítricas como el maracuyá, el kiwi, la naranja, el limón o el pomelo. En el segundo grupo, los digestivos tienen la función de facilitar la digestión de los alimentos y, precisamente por ese motivo, se suelen preparar con granadina, melocotón, fresa, crema de leche y helados. El tercer tipo de cócteles, los tragos largos, suelen confeccionarse con mucho hielo y combinarse con diferentes infusiones. Son una elección perfecta para las salidas nocturnas y las más peligrosas para quien decide dejar el alcohol.

Y así sucesivamente, para cada ocasión que se te pueda presentar a lo largo del día o la noche, elabora tu lista. Estás serían tan solo unas sugerencias para un modelo de lista personal. Tienes que realizar la tuya e ir modificándola según te agraden más o menos tus elecciones y varíes en gustos a medida que ya no tomes alcohol —el paladar te cambiará, tenlo por seguro—, pero empieza con una desde ya, desde el primer día que mandes a paseo al bicho, tenla a mano y, si es posible, memorizada.

Es importante tenerlo automatizado, de la misma forma que lo tienes ahora, al pedirte un combinado de ron o un *whiskey* cuando sales con los amigos, o un vermut a la hora del aperitivo. Se trata de no dar opción al alcohol, no darle tregua. Tú, afortunadamente, tomaste la decisión, y ya no tomas alcohol.

Cada día más, las comercializadoras de bebidas alcohólicas están sacando al mercado novedosas bebidas destiladas sin alcohol, o de bajas graduaciones, realmente muy conseguidas, como las ginebras usadas en los *gin-tonics*.

No pienses ingenuamente que lo hacen para ayudarte a que dejes el alcohol. Nada más lejos de la verdad, ni mucho menos, todo lo contrario. ¿Qué cómo puede ser esto que digo? Es muy fácil, déjame explicártelo:

En España, sin ir más lejos, desde 1988, la publicidad de bebidas alcohólicas que contengan más de 20° está prohibida en televisión, excepto en la franja horaria —por otra parte, poco usual— de la una a las cinco de la mañana; y eso es ahora que la ley es más laxa, ya que hasta el verano del 2022, la prohibición era total.

¿Se va a resignar la industria comercializadora de bebidas de alta graduación a no publicitarse en televisión? Acertaste, la respuesta es **no**. Detrás de toda esta enorme industria, que mueve miles de millones, existen muchos intereses económicos y, claro está, grandes medios a su alcance para «retorcer» las leyes.

¿Cómo lo hacen? Creando bebidas —como las ginebras MENCIONADAS— sin alcohol o con graduación de 20° máximo. La botella mostrada en el anuncio es exactamente igual en tamaño, forma y color a la que contiene alcohol. Solo varía en una pequeña indicación en la etiqueta de «0,0» o «sin alcohol». De forma subliminal, la marca de siempre, a bombo y platillo, es visionada con toda normalidad y asimilada por el espectador; es anunciada en cualquier franja horaria sin restricción alguna. Salvada la limitación.

Si bien algunos de estos productos no contienen alcohol, no te los recomiendo para que formen parte de tu listín de bebidas a tomar, al menos hasta que lleves mucho tiempo sin beber alcohol y manejes con total seguridad tu firme decisión de no beber alcohol nunca más.

Ginebras, *whiskeys*, ron, licores de todo tipo los puedes tomar ya sin alcohol, pero son demasiado parecidos —en apariencia al menos— y no te ayudarán a cambiar tus hábitos. Recuerda, buscamos cambiar de hábitos y costumbres, no de encontrar sustitutos temporales. Este tipo de bebidas te pueden llevar muy fácilmente a la desastrosa decisión de «¡bueno, ponme una con alcohol que es un día especial, total, por una!». Cuando bebes, para ti normalmente es un «día especial», cualquier excusa te es válida. Hazte un inmenso favor: no te sigas engañando.

CAPÍTULO 10

¿TENGO QUE CAMBIAR MIS COSTUMBRES?

Nuevamente, y de forma tajante: lo que tienes que cambiar son tus hábitos en las bebidas que tomabas, no el cambiar tus costumbres, en lo que se refiere a los sitios que sueles frecuentar.

El día que entres con tus amigos a un bar, ellos tomen sus bebidas acostumbradas y tú elijas una bebida cualquiera sin alcohol, de forma espontánea, por convicción y por gusto, ese día habrás vencido al bicho. Comprobarás que puedes disfrutar de su compañía, reírte y disfrutar como ellos, y en muchos casos, sin sentido de culpa y con más felicidad que cuando te tomas unas cuantas copas.

Ahora bien, si el único motivo por el que acompañas a tus amigos a un establecimiento, o frecuentas su compañía, es el de beber y entonarte lo antes posible, mal lo llevas. Aléjate de esos sitios y de esas personas, no te van a ayudar en absoluto. Déjame que te cuente una experiencia propia:

En mi etapa de bebedor, tenía por costumbre, después de comer, acudir a otro establecimiento cercano a la oficina donde me tomaba el café y un par de copas de licor antes de incorporarme al trabajo. Era un lunes, jornada de trabajo; se cumplía el tercer día desde que había tomado la decisión de no beber nunca más; había superado la prueba del desayuno, donde regularmente empezaba a consumir alcohol todos los días. Luego, pase toda la mañana en la calle trabajando, y el momento de la comida sin ingerir absolutamente nada de alcohol.

Al entrar en el bar, pido mi café, como siempre, y el camarero «de confianza», que ya me conocía, se dispuso a servirme también una copa de mi habitual licor, a lo que —acompañado con un gesto claro de la mano— le pido que no por favor, que solo el café. Insiste nuevamente, y al final me pregunta el motivo. Con una sonrisa de oreja a oreja, se me ocurre decirle —todo orgulloso de mi decisión— que «ya no tomo alcohol». No dijo nada, frunció el ceño, y se le puso cara de muy pocos amigos. «¡Bien!» —pensé todo contento—.

Al día siguiente, la misma escena, la misma intención por parte del camarero «amigo», al que le doy la misma negativa. Nuevamente cara de enfado por su parte. Ya el miércoles, otra vez intenta ponerme la copa. Nuevamente se marcha sin ponerla. A los tres minutos, sin decir nada, hace caso omiso a mi negativa y con una enorme sonrisa, mientras me mira de reojo, sirve la copa bien colmadita al tiempo que me dice:

—Esta te la invito yo, tómatela bien a gusto.

Llegó la hora de marcharme una vez tomado el café; la copa —lo tenía muy claro desde que la puso— seguía intacta donde la había puesto el camarero, que al coger el dinero para cobrarme, me espeta:

— ¿Qué pasa, me la vas a despreciar, no aceptas que te invite?

Le razoné nuevamente y con buenos modos, que ya le había dicho que no la pusiera, que yo **ya no bebía**. Su reacción, tremendamente enfadado, fue reírse de forma sarcástica en mi cara delante de todo el mundo, y a voz en grito decirme:

— ¡No te lo crees ni tú!

Que era un iluso y otras lindezas fuera de lugar. La mía se limitó a no volver más a ese establecimiento. Dejó de tener un cliente de café y dos copas diarias, más algún combinado al salir del trabajo. Lo siento por él, me alegro por mí. Una media de 15 euros diarios, por 22 días al mes, hacía un total de 330 euros mensuales. No me extraña que le sentará mal.

Como verás, este tipo de «conocidos» y ciertas «compañías» no te van a ayudar a que dejes de beber, todo lo contrario. Normalmente son los que abusan de tus defectos y debilidades. De tus excesos bebiendo, de que invites a consumiciones para seguir en el bar otro rato más, para que seas tú el que pague la comida en plan rumboso y, en definitiva, para aprovecharse de ti y tu dinero.

No te sigas engañando, en el mejor de los casos, te utilizan solo para tener un cómplice de alcohol, un compañero de murgas y así no tener que beber en solitario.

CAPÍTULO 11

¿TENGO QUE CAMBIAR MIS COMPAÑÍAS?

Tú decides, pero en cuanto dejes de beber, notarás la diferencia entre la gente que te quiere y los que dicen «ser tus amigos». Te encontrarás gente de tu entorno que te ayudará incondicionalmente en tu cruzada con el «bicho»; te alentarán y te darán ánimos para continuar en tu día a día; te confesarán admiración por tu valentía al compartirlo con ellos, y te empezarán a ver con todo el respeto que habías perdido.

Serás una persona «digna» nuevamente. Ya verás la cara de alegría que se les pone a cada día que pasa y que les demuestras que tu decisión no era una falsa promesa; que es una firme convicción, y para siempre. Si puedes, apóyate en la familia, esa está siempre, en los momentos buenos y también en los malos. Correspóndeles con tu esfuerzo, consíguelo, tú puedes, haz que se sientan orgullosos de ti.

Otros, por el contrario, lo primero que te dirán es: «¡Tú eres tonto!», «¡no lo vas a conseguir!», o un: «¿Para qué?», «¿te vas a perder las risas y la diversión?», «¡en dos días estás bebiendo otra vez!», «¡cuando lo vea me lo creo!», «¿otra de tus mentiras, hasta cuándo?», «¡no vas a volver a ligar en tu vida!» , «¡vas a ser un pringado!», «¡para uno de los pocos caprichos que nos podemos dar!», «y ahora, ¿con quién salgo yo de copas?» , y mil cosas por el estilo.

Ahora, te pediría un gran favor: vuelve a releer, muy despacio, lo anterior. Tan solo son tres párrafos de este capítulo.

Piensa un poco en ello, y cada vez que te asalten las dudas, regresa a esta página, anótala y regresa a leerla. Nadie conoce mejor a un alcohólico que alguien que ha bebido con anterioridad y ha tenido también problemas por su adicción.

Tú mismo te vas a ir dando cuenta de quién te aporta cosas buenas a tu vida y quién no solo no te aporta, sino que te quita. Te roba por su propio interés tu tiempo, el dinero y tu salud, y de paso, te mina la dignidad. En esta ocasión, te toca ser un poco egoísta y mirar solo por ti y los que te rodean esperanzados de que vuelvas a ser el de siempre.

Después de más de quince años sin beber —no lo puedo remediar—, cada vez que tengo contacto con alguien al que le noto que está bebido, o que bebe de normal —tú también empezarás a notarlo rápidamente—, siento un profundo rechazo hacia esa persona, e incluso se me remueven las tripas y me produce asco. Y lástima —por qué no decirlo—, una profunda pena y pesar por verlo en ese estado.

Me gustaría ayudarlo, pero no es plato de buen gusto que te aborde un desconocido por la calle y te diga: «Buen hombre, ¿quiere usted que le ayude a dejar el alcohol?». Lo normal es que te mande a paseo, y a que te espete el que te metas en tus asuntos.

Desde fuera de su mundo fantástico e irreal del alcohol, se les ve ridículos, sin dignidad, sin orgullo, sin interés alguno como persona, salvo para su corte de seguidores o palmeros, que son igualmente tan insulsos e insignificantes como ellos. Puede que aparenten ser felices y que se rían a carcajada limpia todo el rato, pero tú, que has vivido —ya no solo las resacas— las consecuencias familiares y laborales de estar borracho, sabes muy bien de qué te estoy hablando. Y así, cuando bebes, es como te ve el resto de la gente, sin dignidad, das lástima y en muchas ocasiones, asco.

CAPÍTULO 12

LA FUERZA DE VOLUNTAD / LA EXCUSA PARA NO DEJARLO

Muchos pensamos que no tenemos fuerza de voluntad, que no somos capaces de resistirnos a determinadas tentaciones o circunstancias, que carecemos de esa cualidad. Suele ser la principal excusa que alegamos cuando intentamos cambiar algo en nuestra vida, por simple que sea: levantarse a determinada hora para hacer deporte, dejar de comer dulces, no dejar las cosas para más tarde; siempre, esgrimimos nuestra falta de voluntad.

La fuerza de voluntad no es suficiente para realizar un cambio o conseguir modificar una conducta, necesita ir acompañada de tres componentes:

- Motivación: establecer la motivación para hacer el cambio y fijar una meta clara.
- Control: monitorear el comportamiento que lleva a la meta.

- Acción: ejercer la fuerza de voluntad. Ya sea la meta perder peso, dejar de fumar, estudiar más o pasar menos tiempo con el móvil, la fuerza de voluntad es un paso crítico para lograr dicha meta.

Pero, ¿qué es la voluntad? Digamos que es —de forma sencilla— la capacidad de resistir las tentaciones a corto plazo, para cumplir con las metas a largo plazo, a pesar de existir en esos logros buenos motivos para hacerlo, y aun estando muy claro el beneficio para nosotros. Necesitamos entrenar la voluntad, también educarla, formarla, orientarla, porque no nace ya hecha, sino que se irá desarrollando y creciendo, haciéndose fuerte a base de entrenamiento en acciones concretas.

Es evidente que todos somos distintos; cada uno tiene un temperamento diferente que le caracteriza y distingue de los demás; no hay dos personas iguales; cada uno de nosotros posee sus propias debilidades de la voluntad que, por lo general, son bastante semejantes a las de los otros, y hemos de educarlas.

Cuantas veces habremos escuchado la frase «querer es poder»; si nos detenemos y la analizamos despacio, descubrimos que nos habla de la voluntad, que es quien tiene la fuerza de querer.

¿Cuáles son las dos facultades superiores del hombre? ENTENDIMIENTO y VOLUNTAD.

- EL ENTENDIMIENTO: gobierna toda la actividad propiamente humana mediante el juicio de las cosas.
- LA VOLUNTAD: si definimos voluntario nos indica algo que no obliga a su cumplimiento o ejecución, aun siendo beneficioso para nosotros. Por el contrario, si algo nos viene impuesto por otros, si nos coaccionan

a realizar una acción que es moralmente mala, entonces no estamos ante un acto voluntario. Por tanto, podemos señalar como acciones que no son voluntarias lo violento y la coacción.

Lo que no puedo conocer o no conozco. No puedo querer aquello que no conozco. Veamos en el esquema siguiente, de modo secuencial, cómo es el proceso interno previo a realizar una ACCIÓN; en él intervienen las diferentes capacidades interiores del hombre:

ENTENDIMIENTO + VOLUNTAD + LIBERTAD =
ACCIÓN

Desarrollemos la anterior fórmula para que quede más claro y entendible:

ENTENDIMIENTO = Fase donde utilizamos nuestra inteligencia y conocimientos para estudiar y entender el reto que nos marcamos.

VOLUNTAD = Proceso en el que decidimos y deliberamos sobre los pros y los contras de la acción que queremos realizar.

LIBERTAD = Momento en el que elegimos

En este caso, el atributo de la voluntad es la libertad: la capacidad que tenemos de elegir entre los medios más adecuados para alcanzar el objetivo que nos hemos marcado. La libertad reside propiamente en la voluntad; pero sin conocimiento de la verdad y, por tanto, del bien que podemos conseguir si llevamos a término nuestro objetivo, no hay libertad.

Sigamos desgranando las fases de la voluntad. En cualquier acción que realizamos, por sencilla que sea, si miramos cómo actúa la voluntad, observaremos que ejecuta de forma ordenada los siguientes pasos:

1. Determina un objetivo. Establece algo a conseguir. En un primer momento sin pararnos a pensar más en profundidad, vemos en esa meta un bien, algo verdadero.

2. Delibera sobre ello. En este segundo paso, sopesamos las ventajas y los inconvenientes del objetivo marcado. Vemos si nos conviene o no, y es entonces cuando realmente descubrimos si ese objetivo es algo positivo para nosotros.

3. Decide. Como consecuencia lógica de los pasos anteriores, la voluntad determina si va adelante con esa acción o no.

4. Actúa. Es el último paso, la consecución del objetivo. Si este objetivo es verdaderamente bueno, me mejorará como persona. A través de las acciones, el hombre se va haciendo según las directrices de su voluntad.

En nuestro proceso de deliberación, podemos vernos influenciados por múltiples factores como puedan ser nuestros sentimientos, costumbres anteriores, la pasión, las prisas y, por lo tanto, la falta de reflexión por no dedicarle el tiempo necesario. Es importante detectar estos factores que nos pueden condicionar y rectificar; si no lo hacemos así, nuestra voluntad se va acostumbrando, se automatiza, pierde su capacidad de autocrítica y acabamos educándola mal, no llegamos a desarrollarnos en plenitud y no alcanzamos la felicidad.

«El momento en que más feliz se siente una persona es cuando hace lo que debe, lo oportuno y adecuado, aunque eso le suponga un esfuerzo».

Cuando educamos nuestra voluntad, nos libramos de estar atados a las circunstancias, somos más libres, y podemos encauzar nuestra vida hacia donde queramos. La inteligencia es, sin duda, muy importante, pero la voluntad nos hace llegar incluso más lejos que la propia inteligencia.

Educarla nos conduce a ser mejores personas, por lo tanto, no tiene por qué ser una tarea pesada, sino gratificante. Una voluntad sana nos conduce a tener firmeza en los propósitos, solidez en los objetivos y ánimo frente a las adversidades. Estos son los rasgos básicos por los que identificamos una voluntad bien organizada y formada. Una voluntad sólida y bien formada es como una armadura que nos permite defendernos y atacar al mismo tiempo, nos protege de las cosas nocivas y malos hábitos.

Como ejemplo te diré que yo me encontré inmerso en la dependencia del alcohol, destruyendo mi dignidad por no haberme negado a su consumo una primera vez, dando rienda suelta a una sensación de felicidad ficticia. Otros no pudieron evitar las malas compañías, bien por temor a la crítica, por miedo a la soledad o por sentirse desplazados, aun sabiendo que no resultaría nada bueno para ellos, posiblemente, creyéndose con el poder y fuerza de voluntad de dejarlo después. ¡Ya sabes!, el famoso «yo controlo» o el «lo dejo cuando quiera».

Ningún valor puede cultivarse por sí solo sin que requiera de un mínimo de esfuerzo. Cualquier tarea o meta que nos propongamos nos requerirá de pequeños o grandes sacrificios —según sea la empresa que acometemos—, y tendrán que ser realizados de forma firme y continuada. La voluntad es el motor de los demás valores, no solo para adquirirlos, sino para perfeccionarlos.

¿Cuántas veces nos hemos iniciado entusiasmados una nueva tarea que nos ilusiona enormemente y al poco tiempo nos hastía, nos deja de llenar? Ya fuese porque la encontramos más dificultosa de lo que en un principio habíamos calculado, o por convertirse en una rutina que ya no nos motiva; es entonces cuando nos plantemos una elección:

¿continuamos o abandonamos? La intención no basta, como tampoco el saber lo que debemos hacer. La voluntad se manifiesta en la acción.

Es fácil sentirnos atraídos por las cosas que en principio nos gustan, por aquello que nos llama la atención, que resultan más cómodas o se nos presentan más fáciles de obtener. Esta «facilidad» nos suele llevar a dejar de hacer cosas importantes. Es frecuente encontrarnos dedicando horas y horas a realizar una determinada actividad, practicar una afición o simplemente a salir con los amigos; pero cuando nos queremos dar cuenta, observamos en estos hábitos que nos conducen a abandonar otros aspectos esenciales para nuestra vida, como pueden ser el estudio, los deberes familiares o el trabajo.

Algunas señales que nos indican falta de voluntad serían:

- Dejar para más tarde el comienzo de una tarea.
- Empezar por las tareas que son más fáciles en lugar de las importantes y urgentes.
- Demorar el comienzo de la acción, esperando indefinidamente a tener el ánimo suficiente para empezar.

Ninguno escapamos al influjo de la pereza o la comodidad a la hora de actuar, esto es evidente, pero son dos claros adversarios que continuamente obstaculizan nuestro proceder.

De igual modo en que fortalecemos nuestros músculos realizando deporte, reforzamos nuestra voluntad con la práctica. Cada situación que nos requiera un esfuerzo es una magnífica oportunidad para robustecerla. Si no ejercitamos nuestra voluntad, se adormece y se traduce en falta de carácter, dejadez; nos hacemos irresponsables, perezosos, e inconstantes.

En nuestro entorno, siempre podemos ver ejemplos de personas que destacan por su constancia y fuerza de voluntad.

Personas que eligen libremente levantarse temprano todos los días para comenzar antes su jornada de trabajo, poder terminar unas horas antes y dedicar tiempo a sus aficiones; el deportista que entrena con regularidad; el escritor que dedica un determinado número de horas a diario a escribir y un largo etc. A toda esta gente, nadie les apunta con una pistola en la cabeza para que lo hagan, es su elección, su fuerza de voluntad.

Su ACCIÓN, es fruto del ENTENDIMIENTO del reto, de la VOLUNTAD, y de la LIBERTAD de elección. Lo que les convierte en personas distintas es la continuidad y la perseverancia. Hacen uso de su voluntad para realizar grandes esfuerzos durante periodos de tiempo prolongados. Estas personas no eluden su responsabilidad, todo lo contrario, luchan una y otra vez, todos los días, por cumplir sus sueños y alcanzar así las metas prefijadas con sus acciones.

¿Qué puedo hacer para fortalecer mi voluntad? Parece lógico entender que alguien que pensara subir el Everest por primera vez no cargaría con su mochila a la ligera, y emprendería el camino directamente con intención de llegar a la cima al día siguiente. Antes de embarcarse en tamaña aventura, pasaría por otras fases previas como iniciación a la montaña, preparación física y mental, aclimatación a las bajas temperaturas, conocimiento de la montaña, equipamiento, climatología, etc.

Pues de igual modo debemos proceder en nuestra intención de reforzar nuestra fuerza de voluntad preparándonos para ello. Recuerda: primero andar, luego correr.

Tres actividades que nos ayudarán a conseguirlo serán:

- Creando buenos hábitos.
- Estableciendo prioridades.
- Desarrollando conocimientos.

Buenos hábitos. A casi todos nos encantaría, por ejemplo, llegar a casa, tirarnos en el sofá a ver en la tele programas que comprometan poco o nada nuestro pensar, y atiborrarnos de pasteles, chuches o heleados, ¿verdad que sí? Si no lo hacemos, es porque sabemos que estas acciones no son saludables para nuestra salud física y también —por qué no decirlo— mental. Aun así, a alguno se le va la mano en ciertas ocasiones, y se deja llevar. Tenemos tendencia a ellas porque nos resultan más cómodas y placenteras. Es lo cómodo y fácil. Si tuviera que destacar algunos hábitos saludables serían el del cuidado físico, y el de la formación continua de cualquier disciplina que te guste.

Estableciendo prioridades. ¿Te has parado a pensar alguna vez si tienes una escala de prioridades? Tendemos a pensar que una agenda personal solo sirve para recordarnos lo que tenemos que hacer mañana, sin destacar si es importante o no. Confundimos lo «preocupante» con aspectos de los que simplemente nos tenemos que «ocupar».

Te ayudaría el que elaboraras tu propia lista con tus prioridades, en orden de relevancia, es decir, en los primeros lugares aquello que consideras más importante o que necesita tu atención inmediata. Esta lista te facilitará el cumplir metas, te permitirá empezar y terminar a tiempo, algún trabajo o tarea pendiente. Organizar tus prioridades va a enfocarte en aquello sólido que necesita ser cumplido para poder crecer como ser social y como individuo.

Desarrollando conocimientos. Si algo nos distingue como personas es que somos seres dotados de inteligencia; somos capaces de pensar y adquirir diferentes conocimientos. La inteligencia humana es una herramienta maravillosa de la que estamos dotados, y si sabemos utilizarla, tiene un potencial enorme. Por eso, abre tu mente, fórmate, estudia.

Hoy en día no tenemos escusa. Las nuevas tecnologías, como internet, nos facilitan y abren un inagotable abanico de posibilidades. Plataformas de video al alcance de cualquiera como YouTube, música sin límites con Spotify, podcast de cualquier tema que puedas imaginar, cursos de formación de las disciplinas más insospechadas que pudieras pensar que existían; libros, textos, imágenes, documentos diversos.

Como ejemplo te diré que en 2020 cada minuto en internet se realizaron 1.388.889 llamadas de voz o video-llamadas, al mismo tiempo que los usuarios de Instagram postearon 347.222 *stories*; mientras, los usuarios de Facebook subieron 147.000 fotos a su plataforma, y los usuarios de WhatsApp compartieron 41.666.667 mensajes, y estas cifras se elevan a cada año que pasa. La cantidad de información y medios al alcance de cualquiera que tenga internet hoy en día es simplemente abrumadora. No hay razón para alegar falta de medios para adquirir nuevos conocimientos.

De vez en cuando, también viene bien escaparse de la pantalla del ordenador o el móvil, sentarse cómodamente en una biblioteca pública y oxigenarse de tanta tecnología delante de un libro de nuestra elección. Además, las bibliotecas son gratis, y casi todos los textos que se cuelgan en internet, tienen su origen en esos libros almacenados en las estanterías de las bibliotecas.

Lee y piensa en nuevas ideas; analiza y pon en práctica el nuevo conocimiento; descubre a través de la lectura y el razonamiento, medios para desempeñar mejor tu trabajo, medios para ser mejor persona, como hijo o hija, esposo o esposa, amigo, maestro, empleado, estudiante, etc. Solo mediante la educación —ya sea formal o autodidáctica— vas a lograr y obtener una vida más segura en todos los aspectos; una vida con mayores momentos de felicidad.

Como sucede con las plantas para que crezcan fuertes y sanas, la fuerza de voluntad necesita ser cultivada, no lo hace ella por sí sola. El verbo mismo cultivar implica trabajo, esfuerzo, dedicación y constancia. En general, las acciones humanas pueden clasificarse en dos grandes grupos: involuntarias y voluntarias.

Involuntarias serían todas aquellas que tienen lugar de forma instintiva o refleja. Por ejemplo: todos los procesos como respirar, digerir, dormir, etc., que escapan a la acción de la voluntad por su carácter automático. Asimismo, ciertos actos reflejos como huir ante el dolor, protegerse ante un golpe, etc., son movimientos involuntarios que apenas alcanzan el nivel consciente.

Acciones voluntarias, en cambio, son aquellas en las que previamente evaluamos su parte positiva y negativa, que tienen lugar tras un proceso mental consciente, y que deben atravesar el filtro de la reflexión y la razón.

Educar la voluntad requiere de varios componentes:

- El aprendizaje. La voluntad se forma mediante un aprendizaje lento y gradual.
- Con la repetición de actos, aunque se falle a veces y haya que volver a empezar.
- Para tener voluntad debemos dar prioridad a lo que es mejor para nosotros, no anteponer los caprichos y los gustos.
- Hay que tener objetivos claros, precisos y estables.
- Tener presente que en la voluntad radica el éxito de nuestra vida.
- Como todo lo grande, se consigue luchando en lo pequeño, una y otra vez.

CAPÍTULO 13

¿Y DESPUÉS QUÉ? OTRAS AYUDAS

Tu fuerza de voluntad puede que llegue a ser a prueba de bombas, no lo voy a poner en duda, pero no descartes otras ayudas en tu recuperación. Los apoyos de otras personas como familiares o amigos, en esta situación, sobre todo después de comenzar tu abstinencia en los primeros meses, cuando más riesgo de recaída puedas tener y flaqueen tus fuerzas, pueden resultarte indispensables.

De la misma forma que en estas personas de nuestro entorno cercano podemos encontrar un apoyo, hoy en día también tenemos a nuestro alcance múltiples plataformas y asociaciones donde, de forma altruista, pueden dar seguimiento a tu nueva etapa de no bebedor.

En ellas puedes encontrar a otras personas en tu misma situación, con las que podrás conversar y, de forma cómplice, compartir tus inquietudes, dudas, logros, diferentes momentos de tu nueva situación; en definitiva, alguien que entiende tu situación sin dar explicaciones y que hable tu mismo idioma, sin tener que dar vueltas a las cosas, para obtener una respuesta a tus dudas.

Considéralo como algo muy cierto: nadie entiende mejor a un alcohólico que otro. Cuando se es alcohólico, se es para toda la vida, tenlo muy presente. La posibilidad de una recaída estará siempre presente; el alcohol no se va a alejar de tu alcance, y la posibilidad de volver a beber te estará esperando; una sola copa es suficiente para empezar de nuevo a caer en el pozo del alcohol. Por eso, toda ayuda posterior a dejar de beber y el cómo te prepares y organices previamente es de suma importancia.

De ti depende la elección de si lo necesitas o no, si debes acudir a estas reuniones; con más o menos frecuencia, si te hacen bien o, por el contrario, no te ayudan o no te compensa el asistir por los motivos que sea. Referente a este tema, voy a contarte algo basado en mi experiencia personal.

La situación en casa cada día era más insostenible, y las advertencias de mi mujer sobre mi continuo estado de embriaguez no se hacían esperar cada vez que entraba por la puerta, eran continuas y diarias. No me cansaré nunca de repetirlo, que su paciencia para conmigo y el problema del alcohol fue siempre infinita.

No paraba de intentar buscar y ofrecerme posibles opciones y alternativas que me pudieran ayudar a dejarlo. Yo tampoco ponía obstáculos en encontrar ayuda, era el primero que quería ponerle fin a esta desagradable situación, que se estaba cargando todo en mi vida: casa, trabajo, amigos...

Llegado un cierto momento, después de discutirlo en varias ocasiones, convenimos en que asistiera a una de las sedes de ayuda — asociación mundialmente conocida— para alcohólicos. Tenía una muy cerca de casa; en la parroquia de nuestro barrio disponían de un local, donde, de forma muy discreta —según me informo el párroco— se reunían todos los martes por la tarde-noche.

El día de mi primera visita a la asociación no bebí nada; me daba mucha vergüenza presentarme en un sitio como ese habiendo bebido, y tampoco sabía lo que me iba a encontrar.

El recibimiento fue muy cálido y acogedor; nadie te hacia preguntas, y guardaban el anonimato de forma escrupulosa. Desde el primer momento, eras uno más del grupo. Tú dabas tu nombre de pila, o el que estimaras oportuno para que se pudieran dirigir a ti, y listo, no era necesario dar más referencias personales.

Me explicaron el simple funcionamiento de la asociación: entidad sin ánimo de lucro, no adscrita a ninguna religión, secta o ideología política. Su objetivo se centra en transmitir el mensaje para ayudar a otros alcohólicos; es uno de los pilares de la asociación, que se autofinancia sin depender de instituciones públicas o privadas. No hay terapeutas ni médicos, solo personas alcohólicas que se reúnen para reflexionar sobre los motivos para no volver a caer en la bebida. Tremendamente simple, y efectivo para muchas personas. Millones de exalcohólicos en todo el mundo dan claro ejemplo y testimonio de la ayuda recibida, y de haber conseguido apartar el alcohol de sus vidas gracias a esta asociación.

Desde estas humildes líneas, vaya mi mayor felicitación y reconocimiento infinito, para esta en concreto, y para todas las demás asociaciones repartidas por el mundo entero.

Una vez sentados a la mesa los 12 o 14 asistentes habituales, la persona con más experiencia del grupo iniciaba una lectura a modo de oración o introducción a nuestro objetivo y motivo por el que estábamos reunidos, y comenzaba la sesión.

El que lo deseaba levantaba la mano y, tras presentarse e indicar que ese día no había bebido, pasaba a relatar aquello que estimaba oportuno. Podía ser sobre lo que le había acaecido en el día, o de su vida en general; cómo se encontraba de ánimo, cuanto tiempo llevaba sin beber y si le costaba más o menos; si había recaído, los problemas que le había ocasionado su adicción y en definitiva, todas las reflexiones y confidencias que estimaba compartir con los presentes.

Sin duda alguna, era un gran desahogo y apoyo para alguien que está dejando de beber. Normalmente no tienes a nadie a tu lado para compartir un recién estrenado estado de sobriedad, que pueda entenderte, sin tener que dar demasiadas explicaciones de tu problema, con entrega, comprensión y atención total. Ningún alcohólico es comprendido mejor que por otro alcohólico.

Las historias que escuchaba en esas reuniones eran esperanzadoras en su mayoría, pero otras muchas eran desgarradoras y decadentes. El deterioro físico, y también mental, que había causado el alcohol era palpable en muchos de los asistentes y sus comentarios lo apuntillaban.

El conjunto de personas que me rodeaba conformaba un gran espejo donde me veía totalmente reflejado. La imagen que se me presentaba de mí mismo se me antojaba cada vez más deprimente; experimentaba una mezcla de sensaciones muy extraña, dolorosa cuando menos; me daba una tremenda pena y vergüenza ajena al mismo tiempo.

Después de cada sesión, lejos de sentirme bien, me envolvía un malestar general, se revolvían todos mis sentimientos internos, la sensación de depresión iba en aumento y, sobre todo, el sentimiento de culpa era cada vez mayor. Me estaba nuevamente engañando a mí mismo con paños calientes; seguía bebiendo y, además, lo pasaba mal en las reuniones. Terminé por dejar de asistir.

¿Cuál fue realmente el problema?, ¿por qué me generaba tanto rechazo en lugar de sentir apoyo y consuelo? El problema era que entre cada sesión transcurría una semana, y yo, en el transcurso de esos días, seguía bebiendo. Lo único que conseguía, lejos de dejar el alcohol, era verme tristemente reflejado en cada sesión, y experimentar un enorme sentimiento de culpa por seguir bebiendo. Acudí a estas sesiones en busca de una solución para dejar de beber, y no fue lo que encontré. Error mío.

¿Qué es lo que quiero transmitirte con todo esto? Que antes de acudir a alguno de estos grupos, porque crees que lo necesitas, debes haber dejado el alcohol previamente, tienes que dejar de beber con anterioridad. En estos grupos no te van a decir cómo tienes que proceder para abandonar el alcohol, ni te van a preparar ningún tratamiento, ya te comenté antes que no encontrarás en ellos terapeutas ni médicos, tan solo —y nada menos— a gente con tu misma adicción. Son grupos de refuerzo para apuntalar tu decisión y ayudarte en tu problema, sobre todo, en las primeras semanas o meses, cuando más arropo podrías necesitar.

¿Te desaconsejo estas asociaciones? Para nada, todo lo contrario. Lo que sí quiero dejarte claro es que te serán de utilidad si comienzas la abstinencia previamente, antes de acudir a las reuniones; antes de dejarlo, rotundamente, no.

Si asistes a ellas, podrás comprobar testimonios de personas que llevan una gran cantidad de años acudiendo regularmente; encuentran el punto de fuerza que les falta, se sienten arropados, y consiguen hacer más inquebrantable su fuerza de voluntad. Otras, pasados los primeros meses de dejar de beber, y conseguido su objetivo, ya no precisan de esta ayuda, y se limitan a continuar con su vida.

Nuevamente te reitero: si no has empezado tu abstinencia, no te será de ayuda este tipo de reuniones. Solo te serán efectivas, cuando hayas dejado de beber.

Acude a ellas si ves que te flaquean las fuerzas; para afianzar tu decisión y tu fuerza de voluntad, pero no con la idea de que te van a enseñar un método para dejar el alcohol.

Por el contrario, si entiendes que tú solo nunca serás capaz de dejarlo, y dispones de los medios y tiempo suficiente, la otra opción que te queda es buscar un centro de desintoxicación donde, previo estudio, te recomendarán un internamiento, o no, dependiendo de las circunstancias previas de cada uno y grado de alcoholismo, y así entres a formar parte de una terapia personalizada durante el tiempo que estimen oportuno.

En mi caso particular, después de prepararme con antelación, y calcular todos los pasos a seguir en mi determinación firme de abandonar el alcohol, me centré en las cosas buenas que iba obteniendo a cada día que pasaba sin beber. Me reconfortaba y me ayudaban todos los cambios positivos, y el vuelco enorme que dio mi vida en todo: trabajo, casa, nuevas aficiones, estado físico y emocional. Nunca he necesitado asistir a ninguna reunión más, mi fuerza de voluntad sigue intacta y reforzada a cada día, mes o año que transcurre sin el bicho. Ahora soy otra persona, antes, no era nadie.

Lo que está claro es que nadie va a venir a la puerta de tu casa, por arte y milagro divino, a preguntarte si quieres que te ayuden con tu problema, y a ponerte una solución fácil encima de la mesa. O tomas tú una decisión o seguirás como hasta ahora: empeorando cada día que pasa. Como dice una famosa frase: «Si quieres que algo cambie, no hagas siempre lo mismo».

Cuanto antes cojas el toro por los cuernos, antes dejará el bicho de darte cornadas. Cada día que transcurre sin que tomes la decisión de dejar el alcohol es un peldaño más que te costará subir si, por fin, un día decides dejar de beber y dar un giro a tu vida para siempre.

CAPÍTULO 14

EL PLAN DE ACCIÓN. MATERIAL DE AYUDA

En cualquier guerra, si queremos salir vencedores, nuestras acciones han de ir precedidas por una estudiada y elaborada estrategia, y a ser posible, acompañadas de un plan de acción para cada batalla, y esta que vamos a librar es nuestra guerra particular contra un enemigo muy poderoso: el alcohol, el bicho, la droga, llámalo como quieras. Por ahora, siempre te ha vencido él; te ha ido ganando terreno poco a poco, sin darte cuenta, y te tiene conquistado las 24 horas de tus insulsos y vacíos días. Pero esto se ha terminado, vas a vencerle y a erradicarlo de tu vida como si nunca hubiese existido.

En cada capítulo anterior, hemos ido desarrollando, entre otros apartados, los puntos específicos para nuestro plan de acción. Para ayudarte en el día adía, tienes las siguientes tablas, que son:

- Hoja de Inicio / Fechas
- Nuevas Bebidas
- Entorno / Personas

- Entorno / Lugares
- Consumos
- Cambios Positivos y Negativos
- Nuevas Metas

Como verás, son muy simples, incluso puedes añadir o modificar las columnas que estimes oportunas para que se adecuen a tus características especiales, pero en esencia son las que te aconsejo utilizar. Puedes confeccionártelas en tu ordenador o *tablet* si lo prefieres, y llenarlas de colorines si eso te agrada más, aunque lo importante en este caso es el contenido.

Como idea, te sugiero hacerte con una libreta de tamaño cuartilla, y trasladar a ella, a mano, estos cuadros y tablas. Será algo más personal e íntimo que la insulsa pantalla de un ordenador; podrás llevarla en todo momento entre tus cosas personales y realizar anotaciones en cualquier momento y lugar.

Al crearla, dedícale el tiempo suficiente a planificar y distribuir bien las hojas y los cuadros para que te quede el espacio suficiente a la hora de anotar y modificar. Sugerencia: crea los cuadros y títulos ayudándote de una regla, bolígrafo o rotulador, y realiza las anotaciones en los cuadros con lápiz, así podrás corregir y borrar cambios.

Cumpliméntala todos los días sin excepción, dedícale tiempo a tu libreta, sincérate con ella, y sé honrado contigo mismo. Si falseas las anotaciones, te estarás haciendo trampas al solitario, no vas a conseguirlo, y estarás simplemente perdiendo el tiempo.

Esta aventura la puedes afrontar en solitario o en compañía. Yo lo hice solo, improvisando día adía mi plan de acción, modificando y creando cosas que me ayudaban, y alejando las que me perjudicaban, pero desde el primer día tuve la complicidad de mi mujer, semanas después, la de mis hijos, y así sucesivamente con todo mi entorno de confianza, o con aquellos a los que consideré que debía hacerles partícipes.

Te recomiendo que la afrontes con alguien de tu plena confianza: pareja, padres, hermanos, un buen amigo, alguien de tu entorno con el que puedas cumplimentar a diario los cuadros y tablas, comentar las cosas buenas y malas, el cómo te sientes, qué cosas llevas mejor, cuales peor. Cuéntale y comparte con esa persona tus avances, y cómo te sientes; consigue si es posible, que participe esa persona de tus avances; verás que pronto te das cuenta de quién te quiere de verdad y se preocupa por ti.

También te ayudará a pasar un pequeño control a diario, a apuntalar tu fuerza de voluntad, o por si flaqueas en momentos de poco ánimo, aunque lo más honesto con esa persona debería ser que te lo tomaras como un halago el que se preocupen por ti y te ayude, no como un control rutinario de tus problemas. Piensa que mucha gente de tu entorno lo ha pasado mal por tu adicción, están sufriendo igual que tú, les debes el esfuerzo, y con su ayuda y tu determinación, lo vas a conseguir.

Si consideras que la cantidad de alcohol que tomas a diario es muy elevada, y que físicamente no lo vas a poder controlar por los efectos «posalcohol», no lo dudes, pide ayuda a tu médico de cabecera. Pide una cita, indícale con total claridad y honestidad tu adicción, que has decidido dejar el alcohol y necesitas toda la ayuda posible. Afortunadamente, existen magníficos profesionales de la medicina moderna que, con su experiencia y con total **confidencialidad**, te ayudarán —a buen seguro— en esta magnífica decisión.

En las páginas siguientes, tienes los cuadros y tablas mencionados del plan de acción, y una breve explicación para cada uno de ellos.

PLAN DE ACCIÓN HOJA DE INICIO-FECHAS

Todo largo viaje comienza con un primer paso. Aprendamos a andar, y luego corramos todo lo que queramos. Recuerda: todo camino, por largo que sea, comienza adelantando un pie.

No es nada aconsejable cortar súbitamente el consumo de alcohol, sobre todo si nuestro cuerpo está acostumbrado a grandes cantidades diarias. Puede generar graves trastornos y la aparición del síndrome de abstinencia. Sí es preferible reducir progresivamente la cantidad de alcohol que ingerimos hasta llegar a un punto de «cero alcohol».

Un síndrome de abstinencia de alcohol típico puede presentarse entre unas pocas horas y varios días después de que se detenga la ingesta de alcohol. Los síntomas asociados pueden variar mucho de una persona a otra. Tienes que tener en cuenta, que al dejar de consumir alcohol, vamos a producir cambios en la química de nuestro cerebro.

Aunque los detalles neuroquímicos son complicados, estos cambios pueden desencadenar una compensación por las interrupciones en la creación de neurotransmisores excitatorios e inhibitorios que generaba nuestro cerebro cuando bebíamos. De forma más resumida: el cerebro deja de recibir sus «premios» en forma de **endorfinas,** y generamos un nuevo cambio.

Cuando una persona con dependencia muy alta del alcohol deja repentinamente de beber, el cerebro y el sistema nervioso pueden volverse temporalmente hiperexcitables, lo que puede dar lugar a ansiedad, agitación, insomnio, irritabilidad, malestar estomacal, nauseas/vómitos, temblores, convulsiones; en casos muy agudos se pueden presentar síntomas graves como fiebres altas, alucinaciones, convulsiones y confusión mental grave.

La abstinencia alcohólica grave y/o complicada puede ser mortal, por eso —nuevamente— la recomendación de acudir previamente a la consulta de tu médico de cabecera si tu ingesta diaria es muy alta. Puede requerirse un control médico cercano para el desarrollo de los síntomas, además del uso de ciertos medicamentos sedantes (por ejemplo, benzodiacepinas) para minimizar los riesgos de convulsiones durante el período de abstinencia. La desintoxicación médica puede ayudar a mantener a un paciente dependiente del alcohol lo más seguro y cómodo posible durante la abstinencia.

A mayor cantidad que bebas, más probabilidades tendrás de experimentar abstinencia de alcohol. Aunque el proceso de abstinencia ocurre con mayor frecuencia en adultos, los adolescentes también pueden estar en riesgo. Si padeces otras patologías como diabetes, problemas de tensión o similares —reitero—, consúltalo con tu médico de cabecera antes de dejar el consumo de forma radical.

En el cuadro de INICIO y FECHAS, encontrarás la casilla principal, una de las más importantes del **plan de acción,** y para tu nueva vida, LA FECHA DE INICIO. Esta será la fecha que elijas para dar comienzo a tu nueva etapa —para siempre— de **no bebedor.**

Como dijimos antes, procedamos paso a paso. Al cuerpo no le puedes quitar de repente aquello a lo que está acostumbrado a diario, hay que educarlo de forma paulatina.

En el cuadro de ejemplo, verás que en este caso he elegido una fecha de inicio: 12/12/20XX, pero antes, he decidido que tardaré en reducir el consumo de alcohol exactamente 6 semanas.

Distribuido en las diferentes casillas, verás que en la primera semana mi objetivo es reducir el consumo en tan solo un 10 %. En la segunda un 20 %. Ya en la tercera, bajare un 35 %, para pasar en la siguiente a un 50 %, después a un

75 %, y en la última semana del plazo prefijado, llegar a un 100 % = CERO ALCOHOL, que coincidirá con la fecha que elegí inicialmente como FECHA DE INICIO.

Esta tabla es solo orientativa, quizás, incluso 6 semanas se me antoja mucho tiempo para llegar al nivel de cero de consumo, pero eres tú el que se ha de sentir cómodo con los tiempos establecidos. No te fuerces, tú eliges el tiempo que crees que vas a necesitar sin tener que pasar las de Caín. Perseguimos el mejorar nuestra vida, no el sufrir, aunque —tenlo muy claro— tendrás que poner algo de fuerza de voluntad, decisión, y valentía...

Medítalo despacio. Crea tu tabla las veces que creas necesario. Evalúa los pros y los contras. Ten en cuenta fechas complicadas, por ejemplo, fechas típicas de celebraciones como las Navidades, que no te ayudarían en nada. Elige un periodo fuera de compromisos sociales.

Yo por ejemplo, desarrollé una tabla para mí con el objetivo a la vista de cuatro semanas. En la primera disminuiría el consumo en un 30 %, en la segunda, llegaría al 60 %, y en la tercera llegaría al 90 % de reducción. La última semana coincidía con el inicio de mis vacaciones anuales y mi marcha a la playa durante 3 semanas, por lo que me enfrenté a mi última y definitiva semana estando en la playa y fuera de mi entorno habitual, lejos del ámbito del trabajo, fuera de las compañías —buenas o malas— habituales, de los bares y restaurantes que solía frecuentar, en fin, en un terreno neutral, donde solo me podía condicionar yo mismo; no había excusas que entorpecieran mi camino enfilado a dejar el alcohol para siempre.

En la primera semana de mis vacaciones —ya sin tomar nada de alcohol—, empecé a salir a andar y correr un poco, algo, que no hacía desde hacía años, siempre sentado en el sillón de la oficina, el del coche o el del salón. Me apunté a clases de iniciación para jugar al golf, algo que siempre quise hacer y nunca me atreví.

Solo puedo decirte, lleno de orgullo, que lo conseguí. Hace más de quince años que no bebo absolutamente nada. Ya no lo echo de menos, al contrario, su simple olor me tira para atrás, y cuando veo a alguien a mi lado en estado de embriaguez, siento bastante repulsión y una profunda lástima por esa persona.

Lejos de añorarlo, o de poderme apetecer una copa, de vez en cuando me causa repulsa y rechazo. Lo siento por el «bicho», pero me quedo con mi nueva vida, ¡le gané!

A modo de anécdota, decirte que cambié una droga por otra: el alcohol por el golf. Me he hecho un jugador empedernido, bastante malo —todo hay que decirlo—, pero entusiasta a más no poder de este deporte.

Entreno un par de días a la semana. Me levanto a las tantas de la mañana y me recorro un montón de kilómetros, al menos un día a la semana, para ir a jugar con los amigos. En muy poco tiempo, obtuve una nueva pandilla de amigos de mi edad, con los que juego todas las semanas, y después celebramos las derrotas y triunfos en el bar del campo, tranquilamente. Yo con mi cerveza sin alcohol, ellos con sus vinitos y copas habituales. Desde un principio de conocerlos, saben que no bebo —que me sienta mal, que no me gusta, les digo—, me aceptan sin mayor problema y sin ninguna distinción. A la hora de reírse, contar chistes o hacer bromas sobre cualquier cosa o alguien, soy el primero, no necesito el alcohol para pasármelo bien.

Y una cosa más referente a este tema del golf —me lo han preguntado alguna vez—: si alguien me dice que es un deporte caro, yo le razono que mucho más caro es tomar copas a diario, mucho más te lo aseguro, y se lo puedo demostrar.

Tú también encontrarás tu nueva «droga», ya lo verás. La diversión no está en una copa, está en cómo te tomas la vida, y lo que vas logrando con tu esfuerzo. No te engañes más y cambia de vida.

Elabora tu plan de fechas, y eso sí, cuando lo tengas definido, con la duración que decidas y con la fecha definitiva de inicio para dejarlo al 100 %, déjalo plasmado en tu cuaderno u hoja de Excel, como si fuera ley, inamovible. Una vez iniciado —y esto tienes que tenerlo bien claro antes de empezar tu reducción—, no hay ni cambios ni vuelta atrás. Grábate una cosa en tu mente sobre el alcohol: ¡Nadie te va a quitar nada bueno, eres tú el que decide tirar a la basura lo malo!

FECHA DE INICIO:	12/12/20XX

Semana	Del:	Al:	Reducir Consumo: en un %:
1ª SEMANA	DEL 1/11/20XX	AL 7/11/20XX	10 %
2ª SEMANA	DEL 8/11/20XX	AL 14/11/20XX	20 %
3ª SEMANA	DEL 15/11/20XX	AL 21/11/20XX	35 %
4ª SEMANA	DEL 22/11/20XX	AL 28/11/20XX	50 %
5º SEMANA	DEL 29/11/20XX	AL 4/12/20XX	75 %
6º SEMANA	LLEGAR AL:	11/12/2022	100 %

PLAN DE ACCIÓN
MIS NUEVAS BEBIDAS

Como ya vimos anteriormente, es importante tener bien definidas las bebidas que tomaríamos en cada momento del día, en sustitución de las que tomábamos antes y que contenían alcohol. Esta previsión nos permitirá no titubear ni dudar en nuestra elección, y no dar opción alguna a que entre nuevamente una bebida con alcohol en nuestro consumo diario.

La lista adjunta es meramente una orientación para darte un punto de salida. Tú deberás de elaborar la lista a tu agrado, con las bebidas que más te puedan gustar, sin alcohol. Mi consejo es que la hagas lo más amplia posible, que tengas una amplia variedad; eso te permitirá tener más opciones a la hora de elegir. No va a ser una lista definitiva, todo lo contrario, la iras modificando a medida que la vayas usando y explorando. Cambia, añade, quita; tú vas a crear la lista con tus preferencias a medida que pruebes las diferentes bebidas, en las diferentes ocasiones. También la época del año te influirá. No es lo mismo una bebida caliente en invierno que una con hielo en el tiempo de verano.

Quizás ese refresco que elijas para la hora de la comida, después de tomarlo la primera vez, decidas que no es el más adecuado para tus gustos. ¡Bien!, pues lo cambias por otro y sigues con tus pruebas, hasta que des con el más adecuado a tus gustos. Esto, al principio, es un simple ejercicio de ensayo y error.

A modo de ejemplo te diré que en mi lista personal destacan el café descafeinado —por la tensión— en todas sus formas, el agua, con y sin gas, y las cervezas sin alcohol. Tengo un poco de cuidado con las cervezas «tostadas», más que nada porque contienen un poco más de azúcar, y yo tomo medicación para la diabetes, por lo demás, son las reinas en mi dieta líquida, sobre todo, fuera de casa.

Por último, en lo referente a este apartado, te recomiendo que deseches, al menos de forma inicial, las bebidas sin alcohol sustitutas de licores fuertes, del tipo licores para después de comer —licor de limón, cerezas, lima, avellanas, etc. —, o los nuevos destilados sin alcohol como ginebras, ron o *whiskey*. Ya sé que no tienen alcohol pero recuerda: tenemos que desacostumbrar a tu cerebro. Tenemos que conseguir que se habitúe a otra imagen de botellas y envases, y te pida otro tipo de bebidas.

Esas, aun sin alcohol, son muy parecidas—a veces de la misma marca— en apariencia a las que tomabas regularmente con alcohol. Al principio, no las incluyas en tu lista, evita tentaciones; después, cuando te sientas más fuerte y controles mejor las bebidas que tomas, podrás elegir tomar las que te venga en gana; luego será, tan solo, cuestión de gustos personales. Las dos columnas de la derecha, son meramente orientativas, y son para que vayas anotando las que sí te agradan y las que vas descartando.

Modifica la lista a tu antojo cuantas veces lo creas conveniente; investiga con nuevas bebidas, pruébalas y decide según tus gustos. Cuando te quieras dar cuenta, tendrás elaborada tu propia selección de bebidas y no tendrás que andar pensando en cada situación, el «¿y ahora que me tomo yo?».

OCASIÓN	Bebidas Nuevas	NOTAS	OK	NO
Mañanas hasta las 12h	Café			
	Cacao			
	Té / infusiones			
	Zumos			
	Batidos			
Hora del aperitivo	Cerveza sin alcohol	Ojo con el azúcar	X	
	Bíter			
	Tónica			
	Refrescos cola	Sin azúcar		X
	Refrescos frutas			X
	Gaseosa con limón, lima.		X	
	Agua con limón			
	Gazpacho	En verano		
Comidas	Cerveza sin alcohol			
	Aguas			
	Vino sin	Ocasiones espec.		
	Tinto verano sin alcohol	Hay sin alcohol y sin azúcar	X	
Tardes:	Cerveza sin alcohol	Marca: xxxx y la de xxxxx	X	
	Tinto verano sin alcohol	En verano	X	
	Horchata	En verano	X	
	Refrescos cola	Sin cafeína, mejor.		
	Refrescos frutas	Me gusta la de limón	X	
	Café			
	Té / infusiones			
Cenas	Cerveza sin alcohol	Evitar tipo tostada		
	Aguas			

PLAN DE ACCIÓN ENTORNO-PERSONAS

Como ya te expliqué en un capítulo anterior, en esta nueva singladura que vas a iniciar encontrarás gente dispuesta a ayudarte con todas sus fuerzas, y otras, por el contrario, que intencionada o inconscientemente perseguirán que fracases en tu decisión de dejar el alcohol. Ya vimos que los motivos de unos y otros son muy diferentes, intenta discernir entre las personas positivas, y que realmente te pueden ayudar, de las que falsamente se acerquen a ti, sin facilitarte la tarea.

Tú, mejor que nadie, los conoce; eres tú, por tanto, quien tiene que decidir a quién te arrimas y a quién, por el contrario, apartas de tu camino. En esta ocasión, tienes que ser egoísta y mirar solo y exclusivamente por ti y tus propios intereses.

Pongamos un caso a modo de ejemplo: si sabes o intuyes, que el «amigo» de toda la vida no te va a ayudar a dejar el alcohol, ni te va a apoyar en tu decisión, pregúntate: ¿estás seguro que de verdad te aprecia y es tu amigo? Si no lo tienes del todo claro que esa persona te vaya a apoyar de forma incondicional y que vaya a colaborar en tus nuevas acciones, simplemente apártalo de tu vida.

Planteado así, es bastante crudo, pero no puedes andar con «paños calientes», te estás jugando tu vida y, seguramente, el futuro de tu familia; elige el ser una persona feliz o una piltrafa. Pregúntate: ¿el amigo de toda la vida con alcohol o una nueva vida?

Nuestra sociedad, en general, tiende a pensar que las personas nunca cambian. Una vez que te han catalogado y colgado el cartel de «alcohólico», ya no tienes vuelta atrás; entienden que los cambios radicales no son posibles. Por este mismo motivo, piénsate bien antes de hacerlo, a quien vas a hacer partícipe de la decisión que has tomado sobre tu plan e intención de dejar de beber. Céntrate en tu círculo más íntimo y familiar.

Ten en cuenta que seguramente en tu decisión vas a estar tú solo, y tu voluntad. Muchos de los que ahora te rodean y dicen ser tus amigos y quererte bien, lo que no quieren es saber nada de problemas, y menos si son de otros. Algunos no solo no te lo pondrán fácil, se burlarán de ti, tenderán al sarcasmo con comentarios poco afortunados e incrédulos. En la naturaleza del ser humano destaca una condición muy por encima de otras, se llama envidia.

Los logros positivos de los demás suelen generar envidias, y se tiende a boicotearlos utilizando todo tipo de artimañas sociales como las antes mencionadas, incluso el chantaje emocional; todo, con tal de conseguir que no te salgas del rebaño.

Si lo saben, te vigilarán a diario para ver cuándo resbalas y caes nuevamente a abrazar al bicho. Es un deporte nacional el disfrutar con los fracasos de los demás. Necesitas darte tiempo para hacerte fuerte. Tendrán que pasar algunos meses de tu abandono del alcohol para que tu decisión se vea reforzada con los resultados. Ya tendrás tiempo más que suficiente de gritar a los cuatro vientos que ya no bebes. Cuando pasen algunos meses, se te hinchará el pecho y el alma de satisfacción cada vez que digas: «¡Gracias, yo no bebo!».

Es posible que por tu trabajo u otras circunstancias te veas obligado a asistir a algún acto en el que se consuma alcohol. Ten preparado tu arsenal de escusas por el que no estás bebiendo ese día. Una enfermedad y su medicación, que tienes que estudiar o trabajar después, que tienes que conducir, en fin, antes, cuando abrazabas al bicho, eras el maestro de las excusas para beber, no me digas ahora que ¿no lo puedes ser para justificar el no beber? Seguro que sí.

Después de tantos años sin beber, no te puedes hacer una idea del tremendo orgullo que siento cuando a alguien de confianza le comento —lejos de ocultarlo— que soy exalcohólico, que conseguí por mí mismo dejar la bebida. Ni te imaginas la sonrisa que se me dibuja en la cara. Todo el mundo corresponde a mi comentario con asombro y admiración.

Por supuesto, en mi vida dejaron de estar presentes muchas personas y lugares que solía frecuentar. Te puedo asegurar que no echo de menos a ninguno de ellos, todo lo contrario; lo que sí me pregunto es ¿por qué tardé tanto tiempo en tomar la decisión de dejar el alcohol?

Ahora, cuando conduzco, no me pongo a temblar pensando si más adelanté me cruzaré con un control de alcoholemia. Te contaré una anécdota sobre esto:

Después de dejar de beber, ya no solo no temía los controles de alcoholemia en la carretera, si no que me preguntaba cuándo me harían uno a mí y así darme el gustazo de dar 0 % en la prueba; estando de vacaciones con mi pareja y unos amigos en la playa, a la vuelta de una cena, en la que los demás habían tomado su buen vino, y darían positivo con toda seguridad, conduciendo hacia casa en la noche, nos cruzamos con un control de la policía. Dije en alto a los ocupantes del coche: «¡Por fin, un control! Voy a dar negativo. ¡Toma ya!». El guardia me pidió parar detrás de otro auto, al que ya le estaban haciendo la prueba. Se acercó, solicitó que bajara la ventanilla y me pregunto:

—Buenas noches, estamos haciendo un control rutinario de alcohol. ¿Caballero, ha bebido usted?

Con la rotundidad del que dice la verdad más grande del mundo le contesté todo orgulloso y tajante:

— ¡Yo no bebo, agente!

Se lo transmití con tal seguridad y franqueza que, mirándome fijamente y para mi sorpresa, al tiempo que movía la señal luminosa que agitaba en la mano, me dijo:

—¡Puede usted continuar!

Las risas dentro del coche por parte de mis acompañantes te las puedes imaginar. Para una vez que me paran después de dejar el alcohol, no me realizan la prueba. Camino de los veinte años ya sin beber, conduzco a diario y nunca me han parado. Ahora ya no me preocupo lo más mínimo por estos controles, y entiendo perfectamente el que los hagan de forma regular.

Volvamos con nuestro plan. El cuadro de ayuda para el plan de acción, en esta ocasión, no tiene mayor complicación para ser rellenado; se trata, de dejar reflejado en él la gente positiva de tu entorno para tu nuevo propósito, y la negativa o la que debes de alejar de tu día a día.

Lógicamente, no es un cuadro inamovible. En tu nueva etapa, se alejarán o saldrán de forma definitiva personas de tu entorno, y entrarán otras nuevas a formar parte de tu vida, fruto de tus nuevas aficiones o costumbres. Por otra parte, cambios lógicos y necesarios.

Si te resulta doloroso cortar de raíz con alguien en especial, no tienes por qué ser brusco, hazlo de forma paulatina. Al igual que te has dado un tiempo para ir reduciendo la cantidad de alcohol que bebes a diario, del mismo modo puedes darte ese mismo plazo para ir apartando a esa persona o reduciendo la frecuencia de su compañía. Eso sí, llegada la fecha que te has marcado como inicio de tu abstinencia total, deberás dejarla fuera de tu vida diaria.

	NOMBRE:	ENTORNO:	ESPECIAL ATENCIÓN:
NEGATIVAS:	Ramón Gil	Trabajo	
	Santiago Álvarez	Trabajo	
	El Manolo	Pandilla	
	El Fede	Pandilla	Con él y su novia
	Ignacio	Academia	
	Pepe	Academia	
	Tío Alberto	Familiar	X
	Primo Jose	Familiar	
	María Álvarez	Amigo del barrio	
	Cristobal Cruz	Amigo del barrio	
	Santi	Vecino del 2°	
POSITIVAS:	NOMBRE:	ENTORNO:	ESPECIAL ATENCIÓN:
	Papa	Casa	
	Mama	Casa	
	Luis	Hermano	
	Cristina	Hermana	X
	Julia	Pareja	Preferente
	Antonio	Hijo	
	Manuel	Trabajo	X
	Santiago Gil	Trabajo	

PLAN DE ACCIÓN ENTORNO- LUGARES

Del mismo modo que apartamos o potenciamos el contacto con determinadas personas, por ser de ayuda, o negativas, para conseguir el objetivo de dejar el alcohol, debemos de tener en cuenta los lugares que frecuentamos. Al menos en una primera etapa. En muchos casos, personas y lugares irán asociados —es algo irremediable— a lo positivo o lo negativo. Si tienes por costumbre, pasarte un par de horas tomando cervezas en el bar de debajo de tu casa, cuando sales del trabajo, no creo que te vaya a ser de mucha ayuda en tu decisión.

En mi caso, y pasado ya algún tiempo en el que había dejado de beber, no tengo ningún inconveniente —aunque ya no son mis lugares favoritos— en estar con amigos en algún bar o restaurante mientras ellos consumen alcohol; no me impide para nada, seguir con mi vida de no bebedor.

Mi pareja —sin ir más lejos— los fines de semana toma vino en la comida, y yo cerveza sin alcohol o agua. Cuando salimos a tomar el aperitivo, ella se toma vermut o cerveza, y yo, cerveza sin alcohol, y no tengo el más mínimo problema, te lo aseguro; al contrario, ahora puedo salir con ella a tomar algo como cualquier pareja hace en su vida normal; antes, un sábado o un domingo, estaría tirado en el sillón con una resaca de mil demonios, o maldiciendo las locuras que habría cometido el día anterior.

	ENTORNO / LUGARES:	NOTAS ADICIONALES:	ESPECIALES
EVITAR:	El bar debajo de casa	Evitar hora aperitivo	X
	Discoteca XXXXX		X
	Cafeteria XXXXX		
	Bar del parque	Fines de semana	X
	Restaurante XXXXX		
	Bar al lado del trabajo xxxx	A la salida	
	Bar del centro cívico	Partida de mus y cartas	X

	ENTORNO / LUGARES:	NOTAS ADICIONALES:	ESPECIALES
POTENCIAR:	Gimnasio		
	Biblioteca leer / escribir		
	Clases guitarra / piano		
	Parque	Salir a correr / pasear	x
	Pescar		
	navegar		
	montar en bici		x
	Clases de dibujo / pintura		
	Ceramica		
	Taller de xxxx		
	Hacer manualidades	En casa / Maquetas	
	Bricolage		
	Petanca, tenis, padel,		
	Natacion		x
	Yudo, karate		x
	Futbol, futbol sala		
	Aeromodelismo		
	Maquetas tren		
	Taller de lectura		
	Golf		
	Senderismo		
	Montañismo		
	Curso de vela y navegación		

PLAN DE ACCIÓN CONSUMOS

Con esta tabla, vamos a conseguir tres cosas: llevar la cuenta de lo que bebemos cada día, de lo que nos gastamos en nuestro consumo de alcohol y del lugar donde lo consumimos.

Este cuadro tendrás que repetirlo y cumplimentarlo, uno por cada día, por eso deja espacio suficiente en tu libreta para todos los días que te marques en tu periodo de reducción.

Por favor, sé honesto con tus respuestas, no sirve de nada el que te engañes a ti mismo reduciendo las cantidades. Si vas a hacer eso, ¡ni te molestes en rellenar la tabla! ¿Para qué te vas a tomar la molestia?, ¿quizás por ti, que te has dado una segunda oportunidad en tu vida de conseguir dejar el alcohol? Bueno, nuevamente tú decides, la pelota está en tu tejado.

En un principio, al ver escrita cada una de las consumiciones que realizas a diario, te quedarás sorprendido, y te preguntarás: ¿Todo esto me bebo yo a diario? ¿Todo esto me gasto yo cada día?

Empezarás a tomar otras bebidas que también cuestan dinero —es algo obvio—, pero son mucho más baratas, y tomarás muchas menos, te lo aseguro.

Mira el lado bueno, la parte positiva: a partir de ahora, tu cuerpo se va ahorrar el meterse todo ese veneno para dentro, y te vas a horrar una gran cantidad de dinero, que podrás dedicar a otras muchas cosas. Esta vez te sorprenderás para bien.

El cuadro se explica por sí solo con los ejemplos que he incluido, pero, como siempre, es solo a modo de sugerencia, modifica o cambia los cuadros que estimes oportuno. ¿No es una buena motivación recuperar tu salud, el orgullo de volver a ser persona, y el meterte en el bolsillo un montoncito de dinero todos los días? Ve pensando en que te lo gastarás cuando ya no bebas.

¡Animo!

	LUGAR	CONSUMOS / MOMENTO	CANT.	COSTE	TOTAL
MAÑANAS	Bar Manolo	Pacharán / desayuno	1	3,5	3,5
	Bar Manolo	Tercio cerveza por la mañana / cliente	3	3,5	10,5
	Rest., oficina	Vasos de vino / comida	3	2	6
	Café, Neli	Gin tonic /salir trabajo	2	4,5	9
TARDE Y NOCHE					
	Rest. Luna	Pacharán / después de comer	2	3,5	7
	Bar Sanse	Tercio cerveza / después trabajo	1	3,5	3,5
		Cubata / en el bar de casa	2	4,5	9
				TOTAL DIA	48,5
				AYER	52,5
				Diferencia	-4

PLAN DE ACCIÓN CAMBIOS POSITIVOS-NEGATIVOS

A lo largo de las semanas, en las que inicies la reducción de ingesta de alcohol y, sobre todo, después, cuando ya no bebas nada de alcohol, en tu vida inexorablemente irán cambiando cosas y experimentarás ciertos giros.

Lo notarás progresivamente en tus costumbres, en tus aficiones, en las personas con las que tratas ahora, las que ya no forman parte de tu vida, tu familia, el trabajo, los estudios, la pareja, nuevos horarios, costumbres, etc.

Es importante que vayas asimilando cada una de estas modificaciones en tu conducta, tanto positivas como negativas, aunque —me juego vacas contra hormigas— los cambios **positivos** ganarán por goleada a los **negativos**.

Todos estos cambios te serán de gran ayuda para motivarte a seguir a delante en tu decisión de dejar el alcohol para siempre. Te darás cuenta de lo mucho que se puede conseguir llevando una vida normal apartada del alcohol, y también lo mucho que habías perdido anteriormente.

Cuando lleves unas cuantas semanas, te será entretenido y curioso el observar los cambios que se han producido. Te recomiendo el dedicarle una especial atención al apartado de la familia y del trabajo, ya verás de qué forma tan radical cambian las cosas en tu vida.

	CAMBIOS POSITIVOS Y NEGATIVOS:
CAMBIOS POSITIVOS:	Me encuentro fisicamente mejor
	He empezado a montar en bici
	He hecho nuevos amigos en el club de senderismo
	Dedico más tiempo a mis hijos
	Mi mujer y yo empezamos a llevarnos mejor, ya no discutimos
	El trabajo no se me hace tan tedioso
	El jefe me trata mejor, me tiene más en cuenta para cosas de importancia
	Por las mañanas me levanto mucho mejor
	Duermo mejor y del tiron
	Estoy pensdando en planterame el dejar de fumar- Lo veré más adelante
	Cada vez me cuesta menos el decir no al alcohol
	Me siento muy orgulloso de mi mismo
	Mañana ire con mi pareja al teatro y luego a cenar despues de xxx meses
	Me estoy ahorrando mucho dinero, voy a horrar para xxxxxxx
CAMBIOS NEGATIVOS:	He tenido que dejar de frecuentar el bar de Manolo, no solo no ayudaba si no que no colaboraban
	Ya no salgo con la panda del parque, no entienden que no se puede estar todo el día bebiendo
	Al salir del trabajo ya no me quedo, minimo se toman dos cervezas o cubatas
	Evito al tio Manolo, no lo entiende y me incita a beber continuamente

PLAN DE ACCIÓN
NUEVAS METAS

Otra vez nos premian con su grata presencia nuestras amigas, las famosas **endorfinas** —entre otras sustancias generadas por nuestro organismo—, primordiales, y que debemos tener muy en cuenta en nuestro plan de acción.

Acuérdate, o repásalo nuevamente, que en el capítulo 6, el referente al motivo de ¿por qué seguimos bebiendo?, hacíamos referencia a ellas. Indicábamos, de una forma muy sencilla, sin profundizar en temas médicos, que yo no manejo, que eran —entre otras— las sustancias que a modo de recompensa emocional genera nuestro cerebro cuando consumimos alcohol.

Genera estas recompensas, y además crea costumbre en nuestros hábitos, una de las razones de crear adicción. Nuestro cerebro se acostumbra a esos «regalitos» que le hacemos cada vez que tomamos una copa, y ya no se quiere bajar del burro; lo que quiere, como si fuera un niño mal criado, son más, y más regalitos. La ausencia de estos premios y estimulaciones nos genera sensaciones desagradables: malestar, irritación, mal humor, tristeza y depresión, entre otras.

No podemos continuar así; tenemos que buscar un cambio radical, dar un giro de 180° a nuestra vida; tenemos que seguir generándolas y conseguir que no sea por la ingesta de alcohol. Las endorfinas o «células de la felicidad» son un potente estimulante natural que no tiene efectos secundarios. Al generarlas, se puede cambiar el estado de ánimo de las personas. ¿Cómo lo conseguimos si no es con alcohol?

Existen varias formas para estimular la producción de endorfinas. Básicamente, todas las actividades que nos resultan placenteras las convocan. Su aparición provoca cambios positivos en nuestra actitud, y en nuestro estado de ánimo.

No existen pastillas que contengan endorfinas, nuestro organismo las genera de forma natural; determinados hábitos y actitudes como el consumo de algunos alimentos o la práctica de determinadas actividades favorecen la producción de estas sustancias. Aquí tienes diez consejos que te pueden ayudar a mantener tus endorfinas en unos niveles adecuados.

Ríete. ¡Sí, buen hombre!, ríete. ¿Sabías que algo —aparentemente tan sencillo— como la risa, libera endorfinas?

Haz nuevos amigos, realiza vida social. Está demostrado que potenciar y cultivar las relaciones sociales con otras personas previenen los estados depresivos y nos ayudan a mantener las funciones cognitivas.

El siguiente apartado no creo que sea muy discutible ni que tenga mucho que explicar, ¿verdad? Disfruta del sexo, sus beneficios están más que demostrados sobre el estado de ánimo.

Realiza deporte. Practica ejercicio. Si el gimnasio no te gusta o te resulta tedioso, recuerda que bailar, pasear por el campo o cualquier juego que implique movimiento y actividad física son saludables y te ayudarán a liberar tensiones.

Le damos poca importancia, pero es primordial dormir bien. La ausencia de alcohol te ayudará a partir de ahora. Un descanso insuficiente es un factor de riesgo para desarrollar enfermedades como diabetes, obesidad, e incluso trastornos cardiovasculares. La falta de sueño te genera fatiga, y la falta de energía te hará sentir triste y depresivo.

Dedica tiempos a tus pequeños placeres. Realiza alguna actividad que te guste todos los días (aunque solo sea durante diez minutos), como escuchar música, leer, saborear un café o una infusión mientras contemplas el amanecer o la puesta de sol, jugar con tus hijos, hacer manualidades, tocar un instrumento, leer, escribir...

Utiliza tu imaginación. Rememorar momentos en los que fuiste feliz, y visualizar situaciones futuras que deseas experimentar y te resultan placenteras: unas vacaciones, una reunión con amigos, una cita, una celebración; todo esto puede aumentar tu flujo de endorfinas.

Vigila tu dieta. Una alimentación equilibrada es clave para encontrarse bien; practica el «mood food» o «comida de la felicidad; es un movimiento gastronómico que busca la autosatisfacción y el bienestar emocional a través de la comida. En internet y librerías, puedes encontrar mucha información sobre este tema. Tienes que tener en cuenta que la comida de la felicidad no es igual a un medicamento de efecto inmediato, sino que, para conseguir resultados visibles, hay que ser constante en el tiempo —como con casi todo en esta vida— y, además, acompañarla de un estilo de vida saludable. Así que no te olvides de hacer ejercicio regularmente y desechar las archiconocidas como «dietas milagro». Busca y aprende sobre los alimentos que pueden mejorar tu estado de ánimo.

Otra actividades relevantes, y al alcance de todos, es el yoga y la meditación. Se necesita muy poco para poder practicar meditación o el universal yoga, en sus diferentes variedades y grados. Terapias alternativas como el reiki, un masaje relajante o ejercicios como el taichí también te ayudarán a secretar endorfinas. Son actividades que puedes desarrollar de forma individual o en grupo. Esto último te permitirá conocer gente y entablar amistades nuevas. Suelen ser personas que mantienen una vida ordenada y sana; te vendrá bien rodearte de gente que se preocupa por su bienestar y felicidad.

Sé feliz. Una buena cantidad de endorfinas te ayudarán a sentirse bien; Son causa y consecuencia a la vez, así que ser feliz aumenta los niveles de endorfinas. Tenlo siempre presente: piensa en positivo, y recuerda que la felicidad está en disfrutar de las pequeñas cosas de cada día y de los buenos momentos y, sobre todo, de la compañía de tus seres queridos y de ti mismo. Sé un poco egoísta, quiérete más y disfruta también de ti.

NUEVAS METAS:
APRENDER A TOCAR LA GUITARRA / COMPRARME UNA QUE ME GUSTA XXXX
VOY A HACER EL CURSO DE VELA PARA NAVEGAR
ME VOY A APUNTAR AL CLUB DE XXXXXX
AL MENOS UNA VEZ CADA 15 DIAS SALDRE CON MI PAREJA AL CINE/TEATRO XX
IRE A RECOGER A MIS HIJOS AL COLE TODAS LAS TARDES
JUGARE MAS CON MIS HIJOS
RETOMARE EL GOLF
SALDRE A MONTAR EN BICI LOS SABADOS
MIRARE LAS CLASES DE NATACION EN LA PISCINA DE INVIERNO
ESCRIBIR / LEER/ DIBUJAR / PINTAR /
ME APUNTARE AL TALLAR DE CERAMICA DE LA CASA DE LA CULTURA
RETOMARE EL HUERTO
COLABORARE CON LA ONG XXXXXX

UNA LLAMADA DE ATENCIÓN

EL DETONANTE

Antes de poner fin a este libro, me gustaría que tuvieras presente unas cuantas cosas y aspectos.

En primer lugar, nuestra escusa de siempre: «¡Tranquilo, no pasa nada por tomarse unas copas!».

El «no pasa nada», se convierte en si pasa algo. La ley de la naturaleza nos indica que si algo puede pasar, simplemente pasará. Solo es cuestión de tiempo, pero ten la seguridad de que ocurrirá.

Cada día que sigues con la bebida, estas comprando entradas para tu ruleta rusa particular; más tarde o más temprano, el arma se disparará y entonces ya no tendrá remedio.

El detonante que te impulse o, peor, que te obligue a dejar la bebida, puede ser un accidente con fallecidos, un despido laboral, una ruptura matrimonial, el abandono familiar, el desprecio de la sociedad. No dejes que llegue ese momento, sé tú el que tome la iniciativa antes de que ocurra, y ponle solución: deja de beber para siempre.

¿Quieres saber cuál fue mi detonante?, te lo voy a contar. En el trabajo, como ya he comentado al principio de este libro, te conviertes en un maestro disimulando tu estado de embriaguez; eso es lo que tú te imaginas. La gente no es tonta, y se da cuenta de las cosas. Puede que un día, aislado y puntual, le resulte hasta gracioso a tus compañeros de trabajo, pero cuando persiste en el tiempo y advierten que bebes a diario más de la cuenta, te marcan y estigmatizan para siempre. No te quiero decir nada si es un superior; a ese, no le va a hacer ninguna gracia, y no le va a temblar la mano para ponerte de patitas en la calle.

En mi caso, mi estado de alcoholismo había llegado a un punto exagerado. Me había planteado muy seriamente dejar de beber y llevaba unos días preparándome, cogiendo fuerzas y mentalizándome de que aquello se acababa. Tenía fecha puesta a mi determinación: el próximo sábado, dentro de tan solo tres días.

El jueves de esa semana, me toco recoger en la estación, a primerísima hora de la mañana, a mi nuevo jefe directo; una nueva incorporación que hizo nuestra empresa con el objeto de restructurar la empresa y, de paso, la plantilla. Parece que le estoy viendo ahora cuando hacía alarde de sus poderes dentro de la compañía.

—Recuerda y tenlo presente —decía orgulloso—: tengo licencia para matar, no lo olvides.

No hacía falta que me lo recordara; unas decenas de compañeros del grupo en toda España habían sido eliminados de la nómina por mera indicación suya, y no, no se andaba con chiquitas.

Antes de recogerle del tren, en un bar cercano, desayuné algo, y mi consabida copa de licor, después, para disimular el olor, un último sorbo al café y un vaso de agua.

Le recogí, tal y como había hecho en otras ocasiones, y nos trasladamos en mi coche hasta la oficina donde departimos en la sala de juntas durante un par de horas; después estuvo reunido durante todo el día con otros trabajadores. Quedamos en vernos nuevamente al día siguiente.

El día siguiente llegó. Nuevamente reunión para concretar sobre unos expedientes de delegaciones. Sentados los dos en la sala de juntas, en un momento determinado, apartó súbitamente las carpetas que estábamos estudiando y con toda seriedad me dijo:

—Sabes que te tengo mucho aprecio; que estoy contento con tu trabajo y que eres importante dentro del esquema.

Después de esas palabras, no tenía ni idea de por dónde iban los tiros. Prosiguió con cara de circunstancias.

—Estoy que te voy a decir, me es muy desagradable y doloroso. ¿Tienes algún problema con la bebida?

Me quedé blanco; no sabía que decir.

—Ayer, cuando me recogiste en la estación, no te quise decir nada, pero me oliste a alcohol y a esas horas no creo que sea nada normal. De verdad, ¿tienes problemas con el alcohol?

—No, claro que no. Yo bebo lo normal, como todo el mundo. Vino en las comidas y alguna copa al salir del trabajo. Mentí como un bellaco.

—Te lo pregunto porque han llegado hasta mí algunas quejas de tus jefes en este sentido, y ayer, como ya te digo, me oliste a alcohol a las ocho de la mañana.

—Te confieso que tuve algún problema, pero ya hace muchos años. Ahora bebo como todo el mundo, nada más. Nuevamente mentí; no sabía cómo salir de aquella situación.

Nuevamente palidecí de vergüenza, no encontraba donde meterme; los ojos se me humedecieron; el sentimiento que me invadía era una mezcla de vergüenza y de tristeza por verme descubierto.

Tal era mi asombro, y el estado en que me quedé, que mi jefe, también sobrepasado por la situación, pareció dar marcha atrás en su señalamiento, y continuó su alegato:

—Quiero creerte. Espero que realmente sea así. No vamos a tener esta conversación nunca más. Haremos los dos como si no hubiese tenido lugar, pero recuerda que un solo desliz en este sentido y estas fuera de la empresa. ¿De acuerdo?

Aun con los ojos húmedos y el cuerpo en un puño le contesté medianamente liberado:

—No te preocupes, no tendrás queja alguna al respecto.

¡«Uf»! Dios santo, de la que me había librado. Al mismo tiempo, sentí que todo mi castillo de naipes formado por excusas y mentiras para tapar mi adicción se había derrumbado encima de mí y me había aplastado. En mi vida, había sentido tanta vergüenza.

Ese viernes, después de dejarlo nuevamente, y para su regreso en la estación, después de sobreponerme del tremendo momento, reiteré mi voto de que era el último día en que bebería. Despedí mis citas con el alcohol, con una buena cantidad; total, al día siguiente ya era sábado, día elegido para no beber.

También, como es lógico, llegó el sábado. Me levanté resacoso, como era habitual. Me acerqué a la cocina con la intención de tomarme un café, y mientras lo tomaba apoyado de pie en el mostrador. Al poco, entra mi hija de 11 años a la que saludo.

—Hola hija, ¿cómo estás?

Mi mira con cara de pocos amigos y me contesta:

—Yo bien, ¿y tú?

No entendía el motivo de la pregunta con esa cara de enfado y el tono de sorna.

—Mira padre, ¿tú te crees que somos tontos?, ya no somos unos niños; mi hermano y yo nos damos cuenta de las cosas, ¿te enteras?

—No sé a qué te refieres hija.

— ¿Que no lo sabes? Llegas todos los días a casa bebido, siempre estás que te caes, y mamá ya no aguanta más. Nosotros, tampoco.

Nuevamente, la misma sensación del día anterior con mi jefe: la más absoluta de las vergüenzas me invadió de arriba abajo. Nunca había hablado con mi hija de este tema, no pensaba que estuvieran tan preocupados ni enfadados por mi adicción. Con mi mujer eran continuas las discusiones, cada vez más habituales y creo que ya me había dejado por imposible, con tal de que no diera el espectáculo en mi casa. Me pedía que si llegaba bebido, me acostara directamente y no les amargara más la existencia.

Con mi mujer, eran ya muchos años hablando y discutiendo de este tema, pero ¿con mis hijos?, ¡nunca!; no me lo podía imaginar, y mucho menos esperar el rapapolvos sacudido por mi hija.

El que uno de tus hijos, con poco más de diez años, te ponga la cara colorada por el despreciable motivo de que eres alcohólico te aseguro que es una de las peores sensaciones que puedas experimentar a lo largo de tu vida; no se lo deseo ni al más pintado. Directamente, lo que te pide el cuerpo en ese momento es morirte y desaparecer de este mundo.

Dos varapalos seguidos, uno detrás de otro. Mi jefe en el trabajo, uno de mis hijos en mi casa. «¡Hasta aquí hemos llegado, se terminó para siempre el alcohol!», pensé para mis adentros que este era el final de mi relación con el alcohol.

Ese fue el último día en mi vida, en el que ya no volví a probar el alcohol. Ese fue mi «detonante». Los primeros días, y semanas siguientes, fueron bastante duros. No estaba preparado para enfrentarme a la rutina de no beber alcohol. Lo que si tenía muy claro es que, pasara lo que pasara, yo no regresaría al alcohol en toda mi vida; nunca más pondría en riesgo el amor de mi familia y mi trabajo.

En tu caso, no esperes ese detonante, búscalo por ti mismo y empieza ya a ponerle fecha a tu adiós al alcohol. A tu ¡hola a la felicidad!, a ser nuevamente «persona», a respetarte y ser querido «de verdad» por los que te rodean.

Ojalá hubiera tenido un plan de acción preparado con antelación. Me hubiese venido bien el acostumbrar mi cuerpo y mi cerebro, a disminuir la ingesta de alcohol antes de cortarlo de raíz, el haber conocido previamente cómo actúa el alcohol para prevenir sus efectos, y el porqué de muchas cosas relacionadas con él. ¡Ojalá! porque, con toda sinceridad, al principio me costó mucho, aunque lo que más temía era la posibilidad de caer derrotado una vez más, y volver a casa con el rabo entre las piernas.

Pero la decisión estaba tomada y el alcohol era historia en mi vida. Me aferré a mi fuerza de voluntad y convicción, y así llevo más de veinte años.

A cada día que pasaba sin beber, me felicitaba a mí mismo y me decía: «Si has estado un día entero sin beber, ¿por qué no sigues así? ¡Vamos, continúa, tú puedes!», me jaleaba continuamente para mis adentros dándome ánimos.

Me fui improvisando sobre la marcha todas aquellas cosas que me ayudaban con mi abstinencia. A la semana sin beber ya me costaba menos y cuando me acerqué al mes todo empezó a dar un giro radical en mi vida, tanto en casa como en el trabajo. El cambio fue como de la noche al día, te lo aseguro. Hacía mucho tiempo que no me veía tan bien. Las cosas en casa fueron mejorando y a los pocos meses todo volvió a la normalidad, como en una familia corriente y feliz.

El trabajo me lo tomé como un aliciente; ahora lo veía como la herramienta perfecta para darle en las narices y sacarme la espina con mis jefes, en especial para demostrarle mi valía al que tenía «licencia para matar». Saqué de mí todo lo mejor. Me empeñé en que mi trabajo me divirtiera y pronto empecé a destacar como muy pocos dentro de la empresa. Resultado: reconocimiento por parte de mis jefes, subida de sueldo y nuevo puesto de dirección en la empresa. Con todo esto, ¿cómo iba a caer nuevamente en el alcohol?

Repito, no dejes que tu detonante —que te llegará, ten la seguridad de ello— te estalle en la cara, propóntelo tú mismo, organízatelo, y llévalo a la práctica antes de que sea demasiado tarde, hazme caso.

Otra cosa que debes de tener en cuenta es la llegada de tu nuevo «yo». Me refiero a esa nueva persona que te vas a encontrar cuando dejes de beber porque, aunque te parezca mentira, has de estar preparado para ver a un nuevo ser. Uno nuevo que hacía mucho tiempo que no veías ni tratabas: una persona normal y feliz. Una persona que ha dejado la «soberbia» y se ha vuelto más «humilde», capaz de reconocer sus fallos y de potenciar sus virtudes.

Si algo caracteriza a un alcohólico, aparte de su embriaguez constante, suele ser su soberbia, mal carácter, su continuo estado de «guerra» con el mundo y con todo aquel que le rodea, incluso cuando está sobrio. A esto también se le llama «borrachera seca». Algo que es de cajón: alguien que no se deja ayudar no podrá ser ayudado.

Entiende, que has de ser una persona más humilde; solo con ello conseguirás reconocer tus errores; no pasa nada por ello, al contrario, eso, a diferencia de lo que opinan algunos, es de valientes, hay que tener las narices suficientes para reconocer nuestros errores, pedir perdón a quien hemos hecho daño y devolver todo el cariño y ayuda que hemos recibido, antes y durante nuestro cambio. Eso se consigue dejándolo para siempre y demostrando a los demás y a ti mismo que eres alguien digno de todo respeto.

A parte de dejar de beber, y como aliciente en tu vida, demuéstrale a la sociedad de lo que eres capaz. Te asombrarás de lo que somos capaces con motivación, y un poco de esfuerzo. ¡Ni te lo vas a creer!

Dos cosas muy diferentes a tener en cuenta son la sobriedad y la abstinencia. En la primera, se deja de beber durante un periodo determinado, que puede ser de duración variable, más o menos largo, pero donde se siguen distinguiendo los rasgos y secuelas de nuestra adicción. La segunda, la abstinencia, es nuestro objetivo. Es vivir en sobriedad, pero creciendo en tus conocimientos a cada día que pasa; es aprender cosas nuevas, desarrollarte como hijo, hermano, padre, compañero, en definitiva, como persona aceptada por la sociedad, y no como un marginado.

Nunca es demasiado tarde para dejar el alcohol, recuérdalo. Aprende a decir ¡NO! Nuestra mente está más predispuesta a decir sí, que a negarnos a algo. Simplemente, es la costumbre; piénsalo despacio, observarás que dar nuestra negativa a algo nos cuesta más esfuerzo. Convierte los «no» a la bebida en algo positivo; cada «no» a un ofrecimiento de beber es una victoria tuya; ¡gana el partido! Ahora, lo que te hace feliz, no es el alcohol, es sencillamente el haberlo dejado.

Cuando prepares tu agenda, tu plan de acción, no olvides escribir alguna de las frases relacionadas al final de este libro, te ayudarán en momentos complicados. Si en la primera página, introduces una foto de tu/s persona/s querida/s, mucho mejor.

Como comprobarás en todo el texto, no hago nunca mención alguna a religiones ni creencias místicas —vaya por delante mi máximo respeto para todas ellas—; dicho esto, nadie te niega el derecho a incluir la imagen de quien tú entiendas que te arropará, y te dará consuelo en un momento determinado. De igual modo, me abstengo totalmente de hablar de estos temas en este libro; también entiendo que si eres cristiano —por ejemplo— y practicante, una charla de vez en cuando con tu párroco te podría venir bien.

Insisto en que cualquier ayuda es poca, y el acudir, —recomendable hacerlo después de un tiempo sin beber— a reuniones en grupos de ayuda para exalcohólicos, te podrá ayudar considerablemente en tu transición a la abstinencia.

Los 3 primeros días serán en los que notes más la falta de alcohol; prepárate bien las fechas, impide que coincidan con algún acto social que tengas programado. Luego conseguirás llegar hasta los 7 días, tiempo necesario para dejar de sentir los síntomas físicos de la abstinencia. Los síntomas psicológicos pueden persistir más tiempo, ten paciencia y aguanta ante los impulsos. Es tu voluntad la que manda ahora y, por lo tanto, tus acciones; ya no es tu mal acostumbrado cerebro y sus impulsos. Cuando aparezcan esos impulsos, date un tiempo antes de reaccionar inmediatamente, déjalos pasar tal y como han venido.

Al principio, puede que te cueste algo más el dormir. Acuéstate todo lo cansado que puedas. Realiza ejercicio físico antes de dormir. Si no quieres —por ejemplo— salir a andar por la noche, puedes hacer pesas en casa.

No hay una píldora mágica para dejar el alcohol, pero sí determinados fármacos, algunos específicos para su tratamiento. Consulta, y pide consejo, a tu médico de cabecera.

CARTA DEL AUTOR

He intentado plasmar en este libro, basándome principalmente en mi experiencia personal, todo aquello que te pueda ayudar en tu nuevo camino de abandonar para siempre el alcohol. He añadido cosas y apartados importantes que yo no utilicé en mi plan de acción —por desconocimiento en ese momento— que, sin duda, a ti te hará más fácil la tarea.

Desde el primer día que decidí dejar de beber, sabía, y sentí dentro de mí, que ya no volvería a caer en el alcohol. Te aseguro que una vez tomada la decisión, y establecida la fecha de inicio, lejos de ser para mí una condena, sentí una tremenda liberación, sensación que se acrecentaba a cada día que transcurría, sin el «bicho».

Voy ya camino de los veinte años sin beber, y no cambiaría absolutamente nada de lo que he conseguido por todas las copas del mundo juntas; ya no me gusta, al contrario, me desagrada. ¡Quién me lo diría hace años!, ¿verdad?; ahora me causa gracia.

He conseguido hacer muchas cosas que jamás pensé que podría realizar, ahora, con 61 años, a pocos ya para jubilarme, me estoy sacando todos los títulos de navegación a vela posibles. Ya tengo el de patrón de embarcaciones de recreo, con ampliación a travesía y vela; salgo a navegar siempre que puedo —eso que vivo a 350Km del mar más cercano— en un modesto velero de mi nuevo, y gran amigo Carl, en Valencia. El año que viene, la intención es examinarme para patrón de yate, y al siguiente, para el título de capitán de yate.

Ni mucho menos tengo pensado comprarme un yate —ni me lo podría permitir por más que quisiera—, mi economía es bastante modesta, pero sí tengo pensado, y para eso me preparo, en adquirir un viejo velero y restaurarlo poco a poco. Esa es mi nueva aventura, mi nueva ilusión que me llena mis ratos libres, sacarme la titulación correspondiente, adquirir práctica navegando con amigos, y llegada la jubilación, adquirir un viejo y económico velero, restaurarlo con mis propias manos, poco a poco, día adía, y disfrutar del mar. Bonita meta, ¿verdad que sí?

¡Si miras al cielo, no te quedes mirándote solo el dedo, mira a la luna!

Siéntete libre de mandarme tus críticas, sugerencias, experiencias, dudas o cualquier otra opinión o comentario que quieras compartir conmigo sobre la lectura de este libro y tu vivencia en particular; para mí, será un placer seguir colaborando contigo en todo lo que me sea posible, e intentaré —en la medida de lo posible— dar respuesta a todos los *emails* recibidos.

No dudo de tu coraje y fuerza de voluntad; si dudo de algo, es de no haberlo plasmado esto de mejor forma para conseguir ayudarte más y que te sea más fácil el nuevo camino. Si quieres, seguiremos aprendiendo, y progresando juntos.

Un fuerte abrazo,
Chema Ruiz
Email de contacto:
chemaruizf@telefonica.net

FRASES PARA RECORDAR

Cuando se es alcohólico, se es para toda la vida, no bajes la guardia.

Ningún alcohólico es comprendido mejor que por otro alcohólico.

«Si quieres que algo cambie, no hagas siempre lo mismo».

Ahora, soy otra persona, antes, no era persona.

¡Si miras al cielo, no te quedes mirándote solo el dedo, mira a la luna!

¡Nadie te va a quitar nada bueno, eres tú el que decide tirar a la basura lo malo!

El alcohol te aleja de lo grande que puedes llegar a ser, y del gran camino que te queda por recorrer.

Solo te puedes cambiar a ti mismo, pero a veces eso lo cambia todo.

Con el alcohol te lastimas tú y a los que te rodean.

BIBLIOGRAFÍA Y DOCUMENTACIÓN CONSULTADA

American Addiction Centers. «Síntomas de abstinencia de alcohol, tratamiento y cronología». https://americanaddictioncenters.org/withdrawal-timelines-treatments/alcohol/esp

Bezerra, Clarisse. «Endorfinas: qué son, para qué sirven y cómo generarlas». *TuaSaúde* (web). https://www.tuasaude.com/es/endorfinas/

Comisión Federal de Comercio. «Publicidad de bebidas alcohólicas». https://consumidor.ftc.gov/articulos/s0391-publicidad-de-bebidas-alcoholicas

Dunbar, R., Jacques Launay, Rafael Wlodarski, Cole Robertson, Eiluned Pearce, James Carney y Pádraig. «MacCarron Functional Benefits of (Modest) Alcohol Consumption». *Adaptive Human Behavior and Physiology* 20, n.º 3 (1998): 118-133, https://doi.org/10.1007/s40750-016-0058-4

Gastronosfera. «Mood Food: la cocina de la felicidad». https://www.gastronosfera.com/es/tendencias/mood-food-la-cocina-de-la-felicidad

Hernández, Maite B. *La aventura del alcohol* . Madrid: Las Mil y una Ediciones, 1986.

IVATAD Valencia Adicciones. «Destruido por el alcohol». https://youtu.be/kXl5Vh2AoAs

Jellinek, Elvin M. Diversos textos consultados.

Ministerio de Sanidad (España). «Actualización de los límites de consumo de bajo riesgo de alcohol». https://www.sanidad.gob.es/profesionales/saludPublica/prevPromocion/Prevencion/alcohol/docs/Limites_Consumo_Bajo_Riesgo_Alcohol_Actualizacion.pdf

Ministerio de Sanidad (España). «Glosario de términos de alcohol y drogas». https://www.sanidad.gob.es/alcoholJovenes/docs/terminosAlcohol2.pdf

Ministerio de Sanidad (España). «Límites de consumo de bajo riesgo de alcohol». https://www.sanidad.gob.es/profesionales/saludPublica/prevPromocion/Prevencion/alcohol/Limites_Consumo_Bajo_Riesgo_Alcohol.htm

Ministerio de Sanidad (España). https://www.sanidad.gob.es/

Ministerio de Sanidad (España). «Documentos técnicos». https://www.sanidad.gob.es/fr//////profesionales/saludPublica/prevPromocion/Prevencion/alcohol/DocsTecnicos.htm

MooDFOOD. «Scientific Publications». https://moodfood-vu.eu/publications/scientific-publications/

MooDFOOD. https://moodfood-vu.eu/

NIH (National Institute on Alcohol Abuse and Alcoholism). https://www.niaaa.nih.gov/alcohols-effects-health/alcohols-effects-body

Observatorio Español de las Drogas y las Adicciones (OEDA). «Informe del año 2020». https://pnsd.sanidad.gob.es/

profesionales/sistemasInformacion/informesEstadisticas/pdf/2020OEDA-INFORME.pdf

Polaino-Lorente, Aquilino. *¿Conoce usted los efectos del abuso del alcohol y las drogas blandas?* Madrid: Ministerio del Interior, 1982.

Proyecto3 Psicólogos. https://www.proyecto3psicologos.com/

Wernitz, Andrés Von. *Alcohol = Droga n.º 1 / /* Madrid: Bitácora, 1999.

Página recomendada: www.vivirsinbeber.com

www.ingramcontent.com/pod-product-compliance
Ingram Content Group UK Ltd.
Pitfield, Milton Keynes, MK11 3LW, UK
UKHW012248290726
14090UKWH00013B/530

9 788419 705181